Romaine Braun-Baustert

Problemlaute üben und festigen

Kinder mit Lese- und Rechtschreibschwierigkeiten fördern

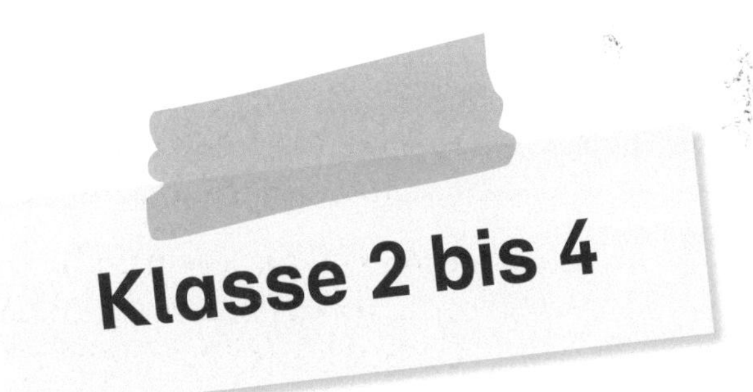

Cornelsen

Die Autorin:

Romaine Braun-Baustert ist seit 16 Jahren ausgebildete Lehrerin. Vor einigen Jahren hat sie ihr Masterstudium zur integrativen Lerntherapeutin abgeschlossen und arbeitet seitdem in Fördergruppen an luxemburgischen Schulen mit Kindern mit Rechenschwäche / Rechenschwierigkeiten, LRS oder allgemeinen Lernproblemen. Zudem gibt sie als Dozentin Kurse in der Lehrerfortbildung und an der Universität in Luxemburg.

Projektleitung: Maren Krüger, Berlin
Redaktion: Daniela Brunner, Korschenbroich
Umschlagkonzept/-gestaltung: Corinna Babylon /Jule Kienecker, Berlin
Umschlag- und Layoutillustrationen: Cornelsen/Corinna Babylon (Bücherstapel); Shutterstock.com/Nina Puankova (Buchstaben, Tiere)
Illustrationen Innenteil: Kristina Klotz, München (S. 9, 18, 20, 26); Anna-Lena Kühler (S. 25)
Layout: krauß-verlagsservice, Wassertrüdingen
Layoutanpassung/technische Umsetzung: Reemers Publishing Services GmbH, Krefeld

www.cornelsen.de

1. Auflage 2022

Druck: H. Heenemann, Berlin

ISBN 978-3-589-16872-9

INHALTSVERZEICHNIS

TEIL I: ALLGEMEINE EINFÜHRUNG

TEIL II: ÜBUNGEN ZU EINZELNEN LAUTEN

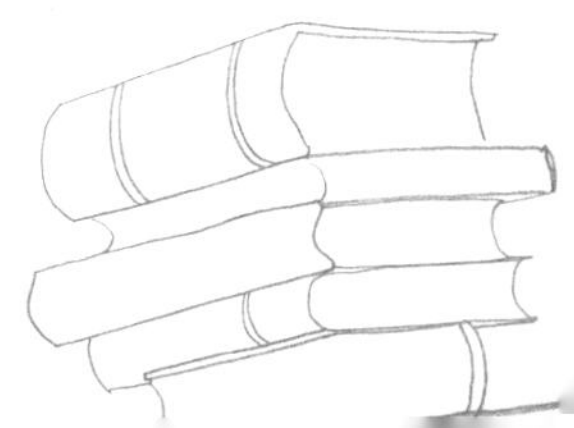

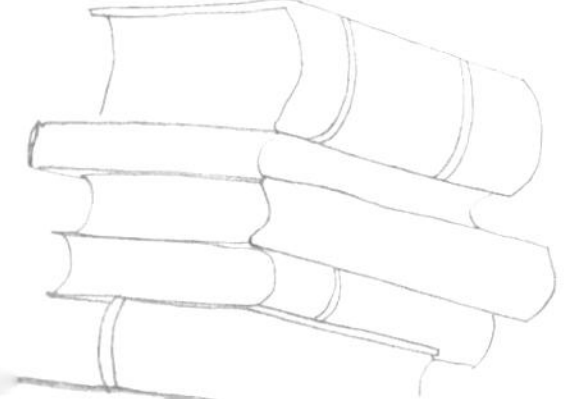

TEIL I: ALLGEMEINE EINFÜHRUNG

1 ETWAS THEORIE ZUM INHALT

Eine kleine Worterklärung zum Begriff „Laute"

Beim Lesen- und Schreibenlernen machen wir einen Unterschied zwischen Buchstaben (Graphemen) und Lauten (Phoneme: nur der Laut des Buchstabens). Unser Alphabet besteht aus 26 Buchstaben. In der Förderung werden die Buchstaben jedoch nicht mit ihrem Namen benannt (z. B. A, Be, Ce), weil wir beim Sprechen eigentlich zwei Laute hören. Bei B ist es b und e. Dies würde unsere Schülerinnen und Schüler nur verwirren. Deshalb sollte immer darauf geachtet werden, nur den Laut des Buchstabens oder der Buchstabengruppe (Grapheme) zu benennen (a, b, c). Einige Buchstaben verbinden sich zu einem Laut, z. B.: au – eu – ei – sch – ch – ck – ie. Auch aus diesem Grund sprechen wir von Lauten (Phonemen), schreiben jedoch Buchstaben.

Beim Lesen muss das Kind einen oder mehrere Buchstaben in einen Laut umwandeln. Dies sollte automatisch, das heißt, schnell und ohne nachzudenken vonstatten gehen. Das Kind muss einen Laut mit einem Buchstaben verknüpfen und umgekehrt. Man nennt diesen Vorgang: Laut-Buchstaben-Verbindung oder Graphem-Phonem-Korrespondenz.

Diese Umwandlungen bereiten vielen Kindern Schwierigkeiten: Sie lesen sehr langsam oder abgehackt, oder sie flüstern die Laute einzeln und lesen sie erst dann laut vor, oder aber sie erraten Wörter, nachdem sie den Wortanfang entziffert haben.

Zeigen die Kinder Auffälligkeiten beim Lesen oder in der Schnelligkeit des Lesens, sollten sie ihre ‚Problemlaute' nochmals üben, indem sie immer wieder die gleichen Laute abrufen, bis diese automatisch und ohne Nachzudenken abgerufen werden können.

Zum Aufbau des Buches

Jeder Schüler/jede Schülerin ist anders. In diesem Buch wurden jene Buchstaben erarbeitet, die vielen, auch älteren Schülerinnen und Schülern, Probleme bereiten. Die Auswahl der Problemlaute beruht auf den Erfahrungen, die die Autorin im täglichen Umgang mit Kindern mit Leseschwierigkeiten gemacht hat.

Jeder Schüler/jede Schülerin ist anders und braucht andere Hilfen und Unterstützungen. Einige Kinder werden alle Beispiele in diesem Buch benötigen, anderen reichen einige Bereiche.

Um zu bestimmen, welche Ziele für das einzelne Kind festgelegt werden sollten, kann ein ‚Eingangstest' durchgeführt werden (s. S. 7 ff.).

In dieses Buch wurden jene Basis-Laute aufgenommen, die den Kindern häufig Schwierigkeiten bereiten: u, o, b, d, p, g, k, d, v, w, f, ü, ö, ä. Komplexere Lautverbindungen würden den Rahmen dieses Buches sprengen. Sie sollten erst in einem zweiten Schritt mit den Schülerinnen und Schülern erarbeitet werden. Wenn Ihren Schülerinnen und Schülern andere Lautschwierigkeiten begegnen, die Sie in diesem Buch nicht finden, so sollten diese Laute ebenfalls erarbeitet werden.

Jeder Laut, bei dem ein Kind längere Zeit braucht, um ihn zu benennen, oder den es falsch benennt, sollte deshalb – mit vielen Spielen und möglichst vielen Sinnen – geübt und trainiert werden. Übungen in diesem Bereich werden im Kapitel „3 Laute mit allen Sinnen ganzheitlich erleben" (s. S. 16 ff.) dargestellt, und sollten vor dem Gebrauch der Kopiervorlagen durchgeführt werden.

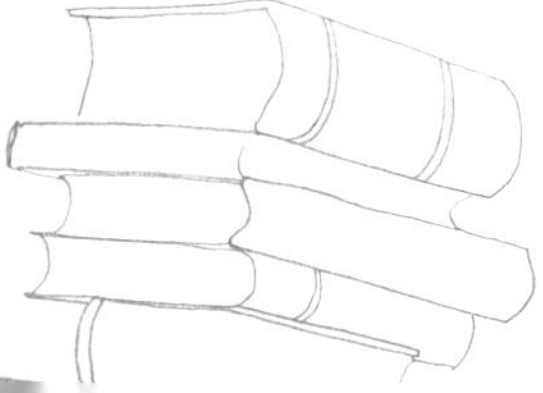

Die Laute-Silben-Leseübungen helfen, Laute schnell mit anderen Lauten zu verbinden, ohne auf gelernte Wörter zurückgreifen zu können. Die Quatschsilben sollen möglichst schnell gelesen werden. Sie fördern das Zusammenziehen von Lauten und verhindern ein Erraten von Wörtern. Dabei wird ganz gezielt die Lesetechnik trainiert.

Die Schrift wird dabei kontinuierlich kleiner. Auch dies erlaubt der Lehrperson, Unterschiede beim Lesen und Fortschritte festzustellen.

Nach den Quatschsilben können Spiele zur Lauterkennung gespielt werden. Der Lehrperson steht dazu eine Wörterliste zur Verfügung. Anschließend können die Schülerinnen und Schüler die Wörterliste selbstständig lesen. Das Lesen der Wörter hilft, den Wortschatz aufzubauen. Die folgenden Lesetexte oder grammatischen Übungen beinhalten möglichst viele Wörter aus der vorherigen Wortliste, so dass die gleichen Lernwörter in einer Lernspirale immer wieder vorkommen, neu erarbeitet, gelernt, wiederholt und verarbeitet werden. Somit kann sich der semantische Wortschatz aufbauen. Die Lesetexte beschäftigen sich vor allem mit dem Lesen aber auch mit dem Leseverständnis. Es reicht nicht aus, etwas zu lesen, sondern die Kinder müssen auch die Informationen aus einem Text herausfiltern und verstehen.

Ein wichtiger Punkt zum Leseverständnis ist das Erkennen der Wortarten. Die Kinder müssen erkennen, was ein Adjektiv oder Verb ist, und die Funktionen dieser Wörter verstehen, um den Satz als solchen verstehen zu können.

Es werden also regelmäßig grammatische Übungen passend zu der Wortliste angeboten, z. B. zur Mehrzahlbildung oder auch zur Arbeit mit Wortstämmen. Die Wörter der Wortliste werden dabei in unterschiedlichen Kontexten wiederholt, geübt und verarbeitet.

2 ERKLÄRUNGEN ZUM EINGANGSTEST

Blitzlesen

Buchstaben-Blitzlesen: Der/die Lernende soll jeden Buchstaben als Laut lesen (‚m' und nicht ‚em'). Es geht darum, die Laute möglichst schnell zu erfassen. Die Lehrperson notiert sich die Laute, die der/dem Lernenden Schwierigkeiten bereiten (sprich wo es länger dauert, gezögert oder falsch gelesen wird). Einige Buchstaben, die in diesem Buch verarbeitet werden, kommen mehrmals vor, um sicher zu sein, dass diese Laute immer wieder geprüft werden können.

Jeder korrekte Buchstabe kann einfach von der Liste abgehakt werden (freies Kästchen). Bei falsch gelesenen Buchstaben sollte der falsche Buchstabe notiert werden. Dies bedeutet, dass beide Laute nochmals wiederholt werden sollten.

Ziel: Überprüfung der Graphem-Phonem-Korrespondenz (Laut-Buchstabe-Verbindung) (GPK)

Silben-Blitzlesen: Bei dieser Übung sollen die Kinder Quatschwörter lesen. Sie sollen sie möglichst schnell lesen. Dabei müssen sie Buchstaben schnell in Laute umwandeln und in Silben oder Wörtern zusammenfügen. Die Kinder müssen die Laute sehr schnell abrufen können, um fließend zu lesen. Lesen die Kinder stockend, falsche Laute oder brauchen sie ungewöhnlich viel Zeit, sollte die Lehrperson sich diese Laute notieren.

Die Schülerinnen und Schüler müssen dabei jeden Laut erlesen (können keine Wörter aus dem Gedächtnis abrufen), sie müssen die Laute zu Quatschwörtern zusammenziehen.

Ziel: Überprüfung der einzelnen Laute und des Zusammenziehens von Lauten (Synthese)

Die Uhrzeit, zu der die Tests durchgeführt werden, kann bei verschiedenen Kindern eine Rolle spielen. Ebenso kann die Dauer der Übungen eine Rolle spielen. Manche Kinder lesen anfangs sehr gut. Durch die Anstrengung oder den Konzentrationsverlust schleichen sich später aber immer mehr Fehler ein.

Bei den Beobachtungsfeldern kann die Kopfhaltung Indizien für Augenprobleme liefern. Die Stifthaltung kann Hinweise zu Problemen in der Feinmotorik, der Augen-Hand-Koordination, aufzeigen.

Wörter-Blitz-Lesen: Die Kinder sollen einzelne Wörter lesen, die in keinem Zusammenhang stehen. So können die Kinder weniger raten, welche Wörter kommen sollen. Auch aus diesem Grund sind einige Wörter ähnlich geschrieben um zu erfahren, ob die Kinder wirklich lesen oder beim Lesen raten.

Natürlich ist es auch wichtig, einzelne, bekannte Wörter automatisch wiederzuerkennen. Dies kann mit Häufigkeitswörtern ermittelt werden.

Schreiben

Monsterdiktat (Buchstabendiktat): Die Lehrperson diktiert einzelne Laute, Silben, sinnlose Wörter. Dabei achtet sie besonders auf die korrekte Artikulation.

Jeder korrekte Buchstabe kann einfach von der Liste abgehakt werden (freies Kästchen). Bei falschen Buchstaben sollte der falsche Buchstabe notiert werden. Dies bedeutet, dass beide Laute nochmals wiederholt werden sollten.

Ziel: Überprüfung der Graphem-Phonem-Korrespondenz (Laut-Buchstabe-Verbindung) (GPK)

Bilder beschriften (Wörter schreiben und prüfen): Die Schülerinnen und Schüler sollen eine Reihe von Bildern benennen. Die Lehrperson entscheidet, ob der Artikel auch dazugeschrieben werden soll oder nicht.

Ziele:

- Lautgetreues Schreiben – Laut-Buchstabe-Verbindung:
  Werden alle Buchstaben, die zu hören sind, auch geschrieben?
  Wurden die Buchstaben korrekt geschrieben?
  Stehen die Buchstaben auch an der richtigen Stelle?
- Laute, die auditiv nahe beieinander liegen wie v – w – f (Vulkan, Wasser, Fleisch …)
- Orthografische Regeln:
  Verdopplung, z. B.: Schiff, Wasser, Giraffe …
  Sch (Schwein, Schiff, Fleisch, Schlange)
  Dehnungs-h (Hahn)
  Au-/eu-/ei-Laute
  ng (Schlange)
  ö (Löwe), ä (Bär), ü (Mücke)

In diesem Buch wird – als Vorstufe – vor allem das lautgetreue Schreiben trainiert. Wichtig ist, dass die Kinder in einem ersten Schritt lernen, alle Laute, die sie hören, auch zu schreiben. Natürlich sollen sie auch korrigiert werden, wenn orthografische Regeln nicht beachtet werden!

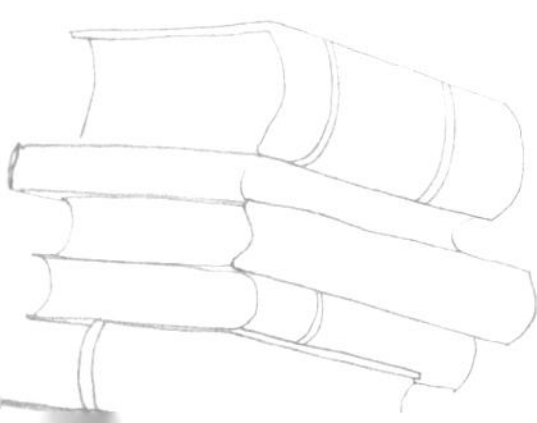

Bildergeschichte schreiben: Beim freien Schreiben kann besonders auf die Ausdrucksweise der Schülerinnen und Schüler eingegangen werden sowie auf den Satzbau, die Grammatik, den Wortschatz, das Wissen und die Textformulierungen. Natürlich wird dabei auch die Rechtschreibung anhand der Fehleranalyse überprüft und eingetragen. Oftmals zeigen sich viel mehr Fehler beim freien Schreiben als nur bei einzelnen Wörtern. Dabei spielt auch die Konzentration/Anstrengung eine große Rolle.

Illustrationen: Cornelsen/Kristina Klotz

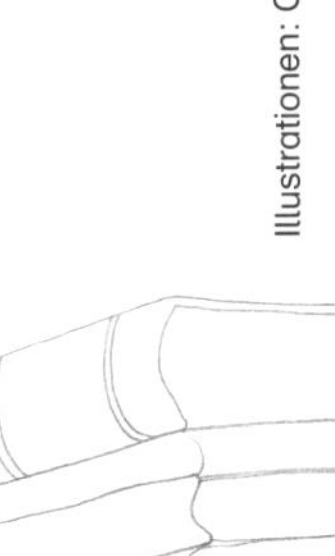

KV 1

Überprüfungsvorlage Monsterdiktat

Name: ______________________ Klasse:__________ Datum: __________

Laute		Laute		Laute		Laute		Laute	
a		s		f		k		l	
d		g		j		v		u	
m		r		h		i		p	
e		t		u		n		b	
w		z		q		o		ei	
ö		sch		sp		ch		ä	
st		ü		st		au		eu	
Silben		**Silben**		**Silben**		**Silben**		**Silben**	
mi		lo		ka		su		pi	
gu		ha		ho		fu		lo	
gü		si		rü		nö		mä	
miko		liru		scheu		frei		muko	
galu		piko		daku		siko		wüto	
keba		fasu		talü		balu		pöku	

Beobachtungen	
Kopfhaltung	
Mundbewegungen	
Stifthaltung, Bewegung	
Schnelligkeit (Wie schnell sind die Bewegungen?)	
Leichtigkeit (Muss überlegt werden?)	
Sonstiges	

Hinweis: Falsche Buchstaben ähneln sich lautsprachlich, z. B.: m, n, b p, g k … Hier sollte bei den Eltern nachgefragt werden, ob das Kind gut hören kann (vielleicht auch genaue Hörtests durchführen: Wie ist das Hören bei Nebengeräuschen? Usw.)

Buchstaben-Silben-Blitzlesen

Name: ______________________ Klasse: __________ Datum: __________

a		s		f		k		t		u
b		r		w		o		p		n
m		l		d		j		e		i
c		v		q		z		sch		h
g		sp		ü		st		ö		ä
l		f		r		a		e		u
w		s		k		d		l		p
r		t		u		eu		o		ei
b		v		n		j		m		st
fö		dü		da		ru		si		pa
se		mi		la		fu		ke		pi
suki		fula		buli		sturi		nupa		lira
guni		duri		keru		dula		bisa		misa

Beobachtungen	
Kopfhaltung	
Augenbewegung (sehr geöffnete Augen …)	
Mundbewegungen	
Finger unter den Buchstaben	
Leichtigkeit (muss überlegt werden)	
Ist das Lesen schwieriger bei kleineren Buchstaben?	
Sonstiges	

Romaine Braun-Baustert • Problemlaute üben und festigen 2–4

Wörter-Blitzlesen

Name: ______________________ Klasse: ______________ Datum: ______________

milu	nalu	tika	rilu
fidula	makumba	sikuli	namuki
Drohne	drohen	Katze	Kerze
Rose	Dose	Kind	Kinn
Korn	Korb	Kamel	Krater
Horn	Elefant	elegant	Kater
ist	werden	gehen	wir
Laus	um	rum	Mama

Das Kind zeigt in folgenden Bereichen Schwierigkeiten:

Bereich	**Fehlerart**	**Ja/Nein**
Buchstaben	Folgende Buchstaben bereiten Probleme: mehr Zeit:	
	falsch gelesen:	
Silben	Liest nur einzelne Buchstaben	
	Liest nur in Silben	
Wörter	Wörter als Ganzes lesen fällt leicht	
Artikulationsprobleme	Laute:	
Auffälligkeiten	Augen: Kopfhaltung: Zunge:	

KV 4

Bilder beschriften

Name: ____________________ Klasse: __________ Datum: __________

Romaine Braun-Baustert • Problemlaute üben und festigen 2–4. Illustrationen: Liliane Oser, außer: Bär, Eimer: Dorina Tessmann; Ente, Oma, Dino: Anna-Lena Kühler; Mücke: Kristina Klotz

Beobachtungen und Fehleranalyse

Name: ______________________ Klasse: ____________ Datum: ____________

Bereich	Kommentare
Kopfhaltung, Augenbewegung	
Strategie (lautieren, in Silben vorsagen, schnell notieren …)	
Unbekannter Wortschatz	
Verhaltensweise: z. B. Ablenker (mit dem Stift spielen, Kopf auf die Bank legen oder Blick aus dem Fenster richten …)	
Kommentar	

Fehleranalyse

Bereich	nein	ja	Kommentar
Lautgetreues Schreiben (alle Buchstaben, die zu hören sind)			
Buchstaben, die nicht im Wort vorkommen			
Buchstaben stehen an der falschen Stelle im Wort			
Buchstaben, die zu hören sind, fehlen im Wort			
Verwechslung folgender Laute: ▸ g/k ▸ b/d ▸ v/w/f ▸ andere			
Rechtschreibfehler, Orthografie			
Rechtschreibfehler ▸ s/β//tz/z/ss ▸ d/t ▸ r/ch ▸ -er/-ar			
Groβ-/Kleinschreibung			
Verdopplung			
Langer ie-Laut			
Dehnungs-h			

(Nach einer Anregung von: Stock, Claudia/Schneider, Wolfgang (2008): Deret 1–2+. Deutscher Rechtschreibtest für das erste und zweite Schuljahr. Göttingen: Hogrefe)

Auswertung der Eingangstests

Viele Kinder zeigen Leseschwierigkeiten. Diese können wie folgt aussehen:

Buchstaben-Silben-Blitzlesen:

→ **Das Kind braucht lange Zeit, um einzelne Buchstaben zu lesen:** Das Kind braucht oft länger, um die Buchstaben in Laute zu verwandeln. Es kann die Laute nicht gut zusammenziehen. Alles deutet darauf hin, dass das Kind nicht schnell die Buchstaben (Grapheme) in Laute (Phoneme) umwandeln kann. Dem Kind sollten möglichst viele Übungen zur Lauterkennung, aber auch zur Verbindung der Buchstaben und der gehörten Laute angeboten werden. Dabei sollte pro Tag/Woche nur ein Laut, mit allen Sinnen erarbeitet und häufig wiederholt werden.

→ **Das Kind hat besonders viele Probleme bei den Quatschsilben:** Das Kind kann die Laute schnell lesen, sie jedoch nicht fließend zusammenziehen. Farbige Silben oder Silbenbögen unterstützen den Schüler/die Schülerin dabei, Laute zu Wörtern zusammenzuziehen.

Silbenspiele sollten regelmäßig gespielt werden. Dabei kann ein beliebiges Würfel-Brettspiel benutzt werden. Anstatt zu würfeln, zieht das Kind eine Wortkarte (Wortliste in einzelne Wortkarten ausschneiden) mit seinen Problemlauten. Es liest das Wort in Silben vor und rückt so viele Schritte weiter, wie das Wort Silben enthält, z. B. E-le-fant: 3 Silben, bedeutet 3 Felder.

→ **Wörter können sich nicht gemerkt werden, das Kind muss jedes Wort von vorne lesen, auch Wörter, die immer wieder vorkommen (und, ist, geht, zum …):** Die Kärtchen der Wörterliste können ausgeschnitten werden. Die Wörter können so immer wieder gelesen werden.

→ **Buchstaben werden in Silben gelesen:** Wenn beim Eingangstest herauskommen sollte, dass das Kind bei verschiedenen Buchstaben länger braucht, um sie zu lesen, sollten diese nochmals geübt werden.

Können die Buchstaben schnell als Laute gelesen werden, kann das Zusammenfügen von Lauten zu Silben trainiert werden mit Silbenspielen.

→ **Das Kind braucht lange und flüstert erst die Buchstaben einzeln, bevor es das Wort laut liest:** Das Kind ist unsicher. Die Frage, die sich dazu aufdrängt ist, warum? Kann es die Laute alle schnell genug abrufen, ohne nachzudenken? Laute nochmals prüfen.

→ **Kinder, die oftmals sehr leistungsstarke Schüler sind, die über einen großen Wortschatz verfügen, versuchen Schwierigkeiten zu vertuschen. Sie entziffern nur erste Buchstaben und raten dann die Wörter.** Diese Kinder fallen oft erst in der 3. oder 4. Klasse auf. Sie sollten viel mit den Quatschsilben arbeiten, da diese nicht erraten, sondern erlesen werden müssen. Eine andere Hilfe ist auch, in Lesetexten die Silben zu färben. Somit kann das Erraten ‚durchbrochen' werden.

Auch das Lesen mit Silbenbögen kann weiterhelfen. Dies sollte nur so lange geübt werden, bis die Kinder nicht mehr raten, sondern wirklich lesen.

3 LAUTE MIT ALLEN SINNEN GANZHEITLICH ERLEBEN

1. Sprüche, um einen Laut einzuleiten

Um die Schülerinnen und Schüler an den Laut heranzuführen, liest die Lehrperson den Zungenbrecher oder Laute-Spruch einmal vor und bittet die Lernenden zu erzählen, welchen Laut sie besonders bemerken. Dabei wird die auditive Diskrimination gefördert.

Die Lehrperson weist bei diesen Übungen auf die Mundmotorik hin. Mit dem Spiegel können die Mundbewegungen angeschaut werden. Was bewegt sich: die Lippen, die Zunge? Berühren die Zähne die Lippen und/oder bewegen sich die Wangen, der Kehlkopf?

Am Anfang liest die Lehrperson den jeweiligen Zungenbrecher laut vor. Beim zweiten Lesen sollen die Kinder jedes Mal, wenn sie den gesuchten Laut hören, aufstehen, oder den Laut in die ‚Luft schreiben'. Sie können auch jedes Mal, wenn sie den Laut hören, den Buchstaben notieren. Wer hat alle Laute gefunden?

Zungenbrecher zum Laut U, u:
Unter dem untersten Unterholz
sucht der Uhu guten Mutes
nur zu gut,
was sich unterm Unterholz tut.

Zungenbrecher zum Laut O, o:
Otto, der Otter, ottert mit der Otterfamilie im Otterteich.

Zungenbrecher zum Laut B, b:
Bim, der Bär, braucht einen braunen Bauch.
Einen braunen Bauch braucht Bim, der Bär.

Brummi, der Bär, brummt Brummelbrumser. (auditive Übung)

Die Schülerinnen und Schüler können jedes Mal, wenn sie den Laut ‚b' hören, ihren Bauch rausstrecken und darüber streifen. Beim 3. Lesen sollen sie für jedes Wort mit ‚b' einen Buchstaben ‚b' aufschreiben.

Zungenbrecher zum Laut D, d:
Der dicke Dino droht dem dünnen Dino ihn zu bedrohen.
Der dünne Dino droht dem dicken Dino ihn zu duschen.

Zungenbrecher zum Laut K, k:
Das karierte Kri-Kra-Kro-ko-dil krabbelt auf dem Ki-Ka-Koffer.
Auf den Ki-Ka-Koffer krabbelt das karierte Kri-Kra-Krokodil.

Sprüche mit Laut G, g:
Giri, die Giraffe, gurgelt Gurgelwasser.
Gruselige Geier geifern um die Geierfeier.

Zungenbrecher zum Laut W, w:
Wilde Wasser wappen ins Wildwasser.

Wünsch dir, Wunschkind, einen Wunsch.
Einen Wunsch wünsch ich dir, du Wunschkind.

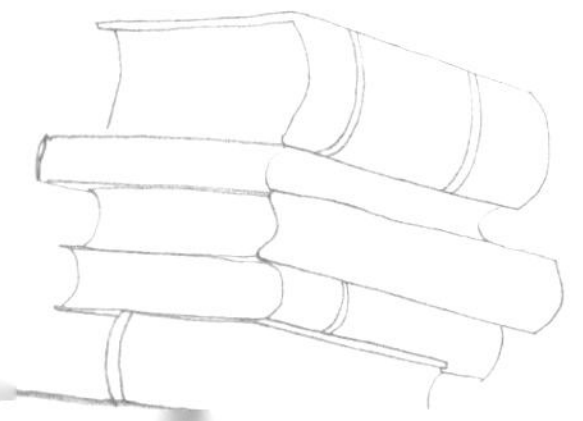

Sprüche mit Laut V, v:
Voller Vulkan verschießt volle Lava aus dem Lavakrater.

Ver-vor-vorne verstehst du viel?
Verstehst du viel von ver-vor-vorne?

Zungenbrecher mit dem Laut P, p:
Papa pupst pupsende Pupswolken.

Papagei Papi plappert plappernde Plappereien.

2. Welche Wörter kennst du mit dem gesuchten Laut?

Das Kind soll alle Wörter, die den gesuchten Laut enthalten, benennen. Je nach Möglichkeit können die Wörter auch als Mindmap an die Tafel geschrieben und danach ins Heft notiert werden. Die Kinder können die Wörter selbst an die Tafel schreiben. Sie sollen dabei lautieren oder die Lehrperson ergreift die Initiative und weist auf die Silbenstrategie hin: „Sage dir das Wort in Silben vor, eine Silbe nach der anderen. Dann notierst du jeden Buchstaben, den du hörst. So vergisst du nichts. Achtung! Ist es ein Nomen? Dann schreibst du das Wort groß. Gibt es eine Besonderheit in diesem Wort wie: ß, Verdopplung, ck, ng, nk, …?“

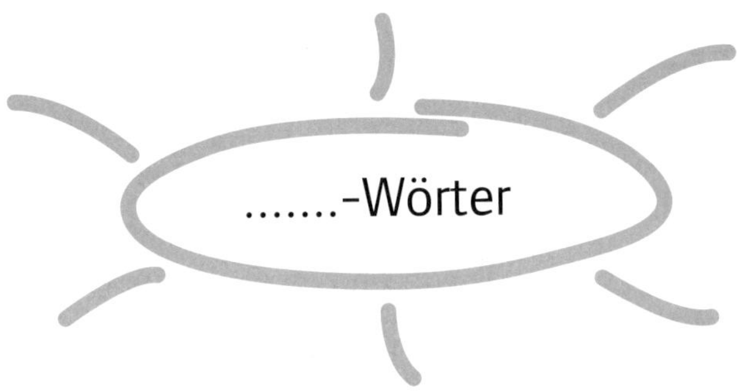

3. Den Laut visuell wiedererkennen: automatisieren (trainieren)

Den Buchstaben mit dem Finger nachfahren und benennen,
- mit einem Stift nachzeichnen,
- in die Luft zeichnen,
- aus dem Buchstaben ein Tier oder einen Gegenstand entstehen lassen zur Memorisierung.

Graphomotorische Übungen (immer den Laut bei den jeweiligen Bewegungen laut aussprechen):

Buchstaben mit Kreide auf den Boden schreiben, drüber laufen, springen, mit Malerpinsel drüber rollen.

Buchstaben
- mit Alufolie formen,
- aus Sandpapier ausschneiden und befühlen,
- aus Lehm formen,
- ausprickeln,
- mit Linsen legen,
- …

Verwechslungslaute B und D
Viele Schülerinnen und Schüler haben mit diesen beiden Lauten besondere Schwierigkeiten. Wissenschaftlich ist erwiesen, dass es den Lernenden besonders schwerfällt, wenn beide Laute zusammen verwendet werden. Aus diesem Grund sollten die Laute zunächst einzeln geübt werden, bevor sie sich gegenüberstehen.

Die Schülerinnen und Schüler sollen beschreiben, was sie an den Lippen fühlen, wenn sie den Laut produzieren. Sie sollen viele Mundbewegungen (bbbbbbbbb) machen, um das ‚b' wirklich gut zu spüren.

Viele Schülerinnen und Schüler haben besonders im visuellen Bereich Schwierigkeiten, das ‚b' vom ‚d' zu unterscheiden. Ein anderer wichtiger Punkt dabei ist die räumliche *Orientierung und Organisation.* Schülerinnen und Schüler, die Probleme mit den visuell ähnlich aussehenden Buchstaben haben, sollten viele Spiele und Übungen zur Raumlage machen, anbei einige Beispiele:

- Lego oder mit Steckbausteinen nach Anleitung bauen.
- Tangram, Geobrett (mit Gummis nachlegen und aufzeichnen), Somawürfel, Tetris,
- Gesellschaftsspiele: Oxo, Mühle, Dame, Schiffe versenken, 4 Gewinnt, Otello,
- Spiele von Smartgames.

Die Laute b und d sollten einzeln ausgiebig wiederholt und gefestigt werden, auch im Schriftbild.

Schreibmotorische Übungen: Im Schulhof können kleine b mit Kreide aufgezeichnet werden.

Das ‚b' nachschreiten, krabbeln, oder mit dicken Malerpinseln übermalen, dabei sollte der Laut ‚b' immer wieder gesprochen werden.

B mit Knete oder Lehm nachlegen. Der Lehm hat den Vorteil, dass er nach dem Backen immer wieder gefühlt werden kann.

Die Kinder sollen sich ein kleines ‚b' aufzeichnen und überlegen, an welches Tier es sie erinnert. Vielleicht ein Tier mit b …

Wenn die Schülerinnen und Schüler keine Ideen haben, kann man ihnen folgendes Bild zeigen:

Die Schülerinnen und Schüler sollen aus Alufolie, die sie zusammenrollen, die ‚b'-Form nachlegen und aufkleben.

Auditiver Verwechslungslaut P, p oder g, k
Einzelne Schülerinnen und Schüler haben visuell keine Probleme, den Laut b von einem anderen Laut zu unterschieden, sie verwechseln aber b mit dem p oder g mit dem k, weil sie sich lautsprachlich ähnlich anhören. An dieser Stelle sollte deshalb noch einmal der Laut mit der Mundmotorikübung, die Zungenbrecher, Lautdiskriminationsübungen und Spiele wiederholt werden.

Hinweis: Jeder Laut sollte für sich alleine geübt werden.

4. Quatschsilben lesen

Leserichtung: Die Kinder können wählen, ob sie von oben nach unten oder von links nach rechts lesen wollen. Bei mehreren Schülerinnen und Schülern kann abgewechselt werden.

Zeit: Die Zeit kann abgemessen werden, damit die Kinder gegeneinander oder gegen sich selbst antreten können. Dies spornt an, die Blätter regelmäßig nochmals zu lesen und die eigene Zeit oder die des anderen Kindes zu schlagen. Das schnelle Lesen hilft dabei, den Abruf der schwierigen Wörter zu trainieren und zu festigen.

Warum Quatschwörter lesen?
Beim Silbenlesen kommt hinzu, dass mehrere Laute gelesen und miteinander verbunden/verknüpft werden müssen. Dadurch, dass die Silben keinen Sinn ergeben, können die Schülerinnen und Schüler die Wörter nicht erraten, sondern müssen sich auf die Technik des Lesens (Entziffern der Laute und Verbinden der Laute) konzentrieren.

Viele Kinder mit großem Wortschatz erraten häufig Wörter und ‚gewöhnen' sich daran, nur den Wortanfang zu betrachten. Mit diesen Übungen kann dem frühzeitig entgegengewirkt werden. Wenn sich Kinder das ‚Erraten' erst angewöhnt haben, ist es ein sehr schwerer und langwieriger Prozess, bis sie sich diese Methode wieder abgewöhnt haben.

Warum raten die Kinder? Sie erraten Wörter, um nicht aufzufallen und um zu verstecken, dass sie verschiedene Laute nicht sicher beherrschen. In der Regel sind diese Schülerinnen und Schüler sehr clever und leistungsstarke Lernende mit viel Wissen. Sie wollen nicht zeigen, dass ihnen das Lesen Probleme bereitet. Es kann auch sein, dass ihnen dies nicht bewusst ist, und sie nicht wissen, wie ‚Lesen funktioniert'. Deshalb ist das Lesen von Nonsens- oder Quatschwörtern so besonders wichtig.

5. Wie oft höre ich den Laut?

Folgendes Spiel schult das genaue Hören: Die Lehrperson oder ein Kind liest Silben, Quatschwörter oder Wörter von der jeweiligen KV vor. Die anderen Kinder hören genau hin und notieren *für den jeweiligen Laut einen Strich in einer Strichliste.* Das Kind, das die Anzahl des jeweiligen Lautes am besten erfasst hat, gewinnt das Spiel.

6. Wo befindet sich der gesuchte Laut (Anfang – Mitte – Ende)?

Bewegungsspiel mit Stühlen

Material:

Illustrationen: Cornelsen/Kristina Klotz

Laminierte Bilder mit der gleichen Lokomotive, Wagen auf Karton übertragen,
White Boards mit 3 Kästchen (oder die Kinder zeichnen den gleichen Zug auf),
Stifte für das White Board

Die Lehrperson benennt unterschiedliche Wörter. Die Schülerinnen und Schüler müssen bestimmen, wo sie den gesuchten Laut hören: Ist es der allererste Laut (Lok des Zuges) oder liegt er irgendwo in der Mitte oder ganz am Schluss (allerletzter Laut)?

Die Lehrperson kann auch eine Bewegungsübung machen: Dafür werden drei Stühle in die Mitte gestellt. An den ersten Stuhl (links) wird das Bild einer Lokomotive geklebt, in der Mitte und am Schluss wird jeweils ein Wagen befestigt. Beim letzten Wagen kann auch ein Stoppschild hängen, um aufzuzeigen, dass das Wort mit dem letzten Laut beendet wurde. Die anderen Schülerinnen und Schüler verfügen über Stifte für das Whiteboard und kreuzen die Stelle an, wo sie den Laut hören. Ein Kind wird jeweils aufgerufen. Es soll sich auf den entsprechenden Stuhl setzen.

Wo höre ich den Laut? – Bewegungsspiel

Material: Signalplakate, Arbeitsblatt

Der Klassenraum wird in 3 Teile geteilt: Anlaut – Mitlaut – Endlaut. Die Lehrperson liest die Wortschatzwörter durcheinander vor. Die Schülerinnen und Schüler laufen in den Teil des Raums, in dem sie den Laut hören.

Um das Spiel noch attraktiver zu gestalten, werden die Bewegungsabläufe abgewechselt: schleichen, springen, seitlich laufen, rückwärts gehen …

Variante: kleine Bewegungspause am Platz

Weitere Varianten zum großen Bewegungsspiel:
- ▶ Anlaute: Die Kinder sollen sich von ihrem Stuhl erheben, die Arme in die Luft strecken, wenn sie den Laut am Anfang des Wortes hören.
- ▶ Inlaut: Die Kinder sollen sich setzen, wenn sie den Laut irgendwo in der Mitte hören.
- ▶ Endlaut: Die Kinder setzen sich auf den Boden, wenn sie den Laut als letzten Laut des Wortes vernehmen.

7. Kopiervorlagen zum Laute lesen

Leserichtung: Die Kinder können wählen, ob sie von oben nach unten oder von links nach rechts lesen wollen. Bei mehreren Schülerinnen und Schülern kann abgewechselt werden.

Zeit: Die Zeit kann abgemessen werden. Somit können die Schülerinnen und Schüler gegeneinander oder gegen sich selbst antreten. Dies spornt an, die Blätter regelmäßig nochmals zu lesen und die eigene Zeit zu schlagen. Das schnelle Lesen hilft dabei, den Abruf der schwierigen Wörter zu trainieren und zu festigen.

8. Wortschatzübungen

Wörter mit allen Sinnen verstehen

Die Schülerinnen und Schüler lesen nacheinander oder abwechselnd die Wörter der Wortliste.

Die Wörter, die die Schülerinnen und Schüler nicht kennen, sollen ganzheitlich erfasst werden: Bilder ansehen, beschreiben, Erlebtes erzählen …

Beispiele:

- Tiere beschreiben: wo sie leben, wie sie sich fortbewegen, welche Geräusche sie machen, was sie fressen, ob sie ein Fell haben usw.
- Gegenstände beschreiben: wofür man sie braucht, wer sie schon benutzt hat, wofür man oder wer diesen Gegenstand benutzt usw.
- Natur, Pflanzen, Landschaftliches: wie sieht es aus, welche Farben, wie groß ist es, wie riecht es (eine Blumenwiese, Wald im Herbst …), wie könnte es sich anfühlen (Disteln pieken, Tannenzapfen, Blätter) usw.?
- Verben: darstellen und nachspielen, wann macht man diese Bewegung/diese Tätigkeit?
- Berufe: wer macht dies, wie, warum, welche Geräte braucht man dazu?

Die Autorin hat schwierige, orthografische Stellen wie Dehnungs-h, Verdopplungen, ß oder -ng, -nk, -pf, -chs Laute grau markiert. Dies kann auch mit den Lernenden besprochen werden. Die Kinder können sich diese orthografischen Eigenheiten der Wörter somit besser merken. Die Schülerinnen und Schüler können bei den Lesetexten und/oder grammatischen Übungen auch selbst die schwierigen orthografischen Stellen der Wörter markieren. So können sie sich die Wörter mit den Besonderheiten besser merken und im Gedächtnis verankern. Alle diese Wörter können in einem Merkheft gesammelt und notiert werden.

Wortkärtchen selber basteln: Lese-Schreibförderung

Die Schülerinnen und Schüler können Wortkärtchen selbst herstellen, indem sie auf die Vorderseite das Wort schreiben und auf die Rückseite ein Bild malen. So kann der Wortschatz autonom geübt werden.

Die Schülerinnen und Schüler schreiben jene Wörter, die zu erlernen sind, auf kleine Papierstreifen. An dieser Stelle kann die Lehrperson sehr gut vormachen, wie sie vorgeht: „Das Wort, das ich schreiben möchte, ist es ein Nomen (Namenwort[1])? Dann schreibe ich das Wort groß.“ Die Lehrperson lautiert das Wort und spricht alle orthografischen Regeln, die in diesem Wort in Kraft treten, laut aus.

1 Kann ich einen Artikel vor das Wort setzen?

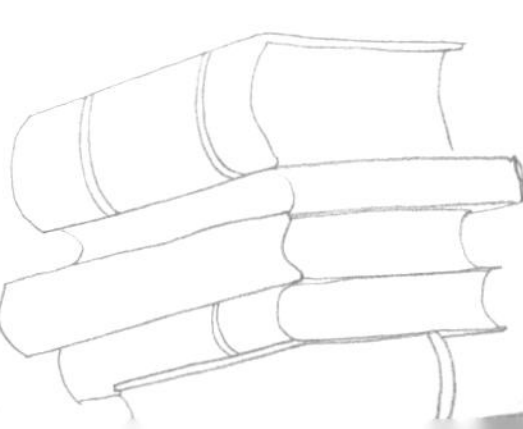

Die Kinder sollen dies bei jedem Wort ebenfalls so machen. Dabei sollte darauf geachtet werden, dass die Kinder lautieren, in Silben sprechen und die entsprechenden Buchstaben notieren.

Wenn alle Wörter geschrieben wurden, bittet die Lehrperson die Schülerinnen und Schüler, die Wörter nach Wortarten zu gruppieren (Nomen, Verben, Adjektive und Adverbien). Sie sollen die Bezeichnung der jeweiligen Wortart aufschreiben und die Papierstreifen entsprechend zuordnen.

Artikel (besonders für Kinder, die Deutsch als Zweitsprache lernen): Die Lehrperson kann den Artikel auch gemeinsam mit den Schülerinnen und Schülern erarbeiten und auf der Rückseite vermerken. So kann sie Schülerinnen und Schüler unterstützen, die Schwierigkeiten mit dem Artikel haben, die Wörter zu wiederholen.

Silben – Zusammenziehen der Laute: Kinder, die Schwierigkeiten mit dem Zusammenziehen der Wörter haben, können unter das geschriebene Wort Silbenbögen zeichnen. Auf der Bildseite benennen sie das Wort in Silben, können das Wort aufschreiben, anschließend können sie das Kärtchen kontrollieren.

Schreibübung: Auch hier können die Kärtchen mit dem Bild auf der Rückseite wieder zum Einsatz kommen. Das Kind schaut sich das Bild an, benennt das Wort in Silben und schreibt Silbe für Silbe (Buchstabe für Buchstabe).

Spiel erraten: Ein Kind liest die Karte für sich und beschreibt das Wort, ohne es zu benennen (die anderen Schülerinnen und Schüler erraten das gesuchte Wort). Oder die Schülerinnen und Schüler dürfen nur Fragen stellen, die mit ja oder nein zu beantworten sind.

Pantomime: Ein Kind liest das Wort leise für sich und stellt es pantomimisch dar (nur Nomen und Verben, die sich darstellen lassen).

9. Wortschatzliste: Sortierübungen

Leseverständnis fördern

Sich immer wieder mit dem gleichen Wortschatz zu beschäftigen (Wortgruppen, Kategorien, Silben, Wortstämme), hilft den Schülerinnen und Schülern, die Wörter auf unterschiedliche Weise miteinander zu vernetzen und somit auch in unterschiedlichen Kontexten aus dem Gedächtnis abzurufen.

Kategorien: Gegenstände, Tiere, Farben, Esswaren ...

Material: DIN-A3-Blätter in verschiedenen Farben

Die Kinder sollen sich die Kategorien selbst überlegen und auf farbige DIN-A3-Blätter notieren.

Möglichkeiten:

- ▶ Wortarten: Nomen, Verben, Adjektive, Verbindungswörter
- ▶ Nomen sortieren nach Kategorien wie Lebensmittel, Tiere, Natur, Gefühle, Sachen/Gegenstände
- ▶ Nomen sortieren nach den Artikeln: der, die, das

Das Sortieren nach Kategorien hilft den Schülerinnen und Schülern, Wissen zu vernetzen und immer neue Wege zum Abrufen und zum Vernetzen zu ermöglichen.

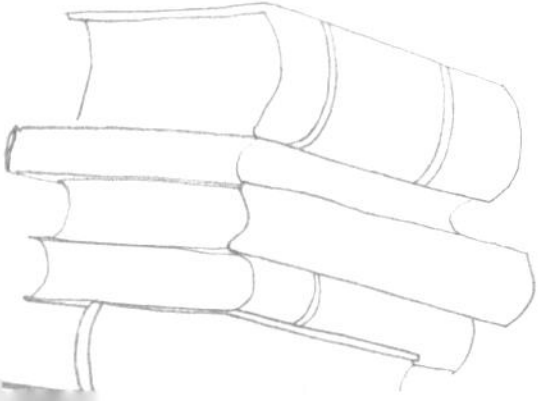

Wortarten unterscheiden

Nomen unterstreichen: In den Lesetexten sollen die Schülerinnen und Schüler die Wortarten untersuchen. Dabei können die Nomen in blauer Farbe unterstrichen werden. Sie können die Wörter anschließend in ihrem Heft notieren und den betreffenden Artikel hinzufügen.

Verben unterstreichen: An einem anderen Tag können die Kinder auch die Verben rot unterstreichen und ins Heft notieren. Sie können dabei auch eine Tabelle ins Heft zeichnen:

Beispiel:

Verb (Tuwort): ____________

Person	Präsens	Präteritum	Perfekt
ich			
du			
er/sie/es			
wir			
ihr			
sie			

Mit Verben (Tuwörtern) Sätze schreiben: Die Schülerinnen und Schüler können sich zu jedem Verb einen Satz überlegen und ihn in ihr Heft schreiben.

Die Wörter können aber auch einzeln auf Zettel geschrieben, den Wortgruppen zugeordnet und später ins Heft geklebt werden.

Wörter nach Wortarten sortieren: Die Wörter können mit farbigen Papierstreifen dargestellt werden[2]:

- Nomen (was, wer?): blau (auch die Artikel)
- Verben (Tuwörter) (was tut man?): rot
- Adjektive (Wiewörter) (wie?): gelb
- andere: weiß

Hinweis: Natürlich können andere Gruppierungen vorgenommen werden, die Autorin hat die besten Erfahrungen jedoch mit dieser Gruppierung gemacht. Hilfsplakate erklären die Wortgruppen.

Beispiel siehe nächste Seite.

2 Idee: Constanze Weth

KV Nach Wortarten sortieren

1. Umkreise alle ‚…….'

2. Notiere die Wörter in deinem Heft (Wörter die noch nicht auf deiner Tabelle stehen).

3. Ordne die Wörter nach ihren Wortarten. Jedes Wort kommt nur einmal in die Tabelle.

Das Verständnis der Wortarten und ihr Nutzen ist ein wesentlicher Schritt, um einen Satz oder Text zu verstehen.

Nomen (Namenwörter)		Verben (Tuwörter)	Adjektive (Wiewörter)

Schreibförderung
Buchstaben zählen (Phoneme zählen) Vorübung zum korrekten, lautgetreuen[3] Schreiben: Alle Wortschatzkarten der betreffenden Laute werden vermischt. Ein Kind nach dem anderen zieht eine Karte und liest diese vor. Die Schülerinnen und Schüler sollen mit den Fingern die Anzahl der Buchstaben angeben. (Anschließend kann das Wort auch notiert werden.)

Robotersprache entziffern: Ein Kind liest das Wort in Silben oder einzelnen Lauten vor (Robotersprache). Die anderen Kinder müssen das Wort zusammenziehen und erraten.

Rechtschreibung trainieren
Material: Papierstreifen

Die Schülerinnen und Schüler notieren sich sämtliche Wortschatzwörter, die die Lehrperson ausgewählt hat, auf kleine Papierstreifen. Dabei kann nochmals auf die Strategie des Lautierens eingegangen werden:

- Wird das Wort groß- oder kleingeschrieben?
- Wort in Silben einteilen und die korrekten Buchstaben notieren
- Über Rechtschreibregeln nachdenken und diese anwenden (Wortverlängerung, ei, Dehnungs-h, langes i)

Wortschatz bearbeiten und lernen
Beispiel siehe nächste Seite.

3 Lautgetreues Schreiben: Hier schreibe ich alle Laute, die ich hören kann.

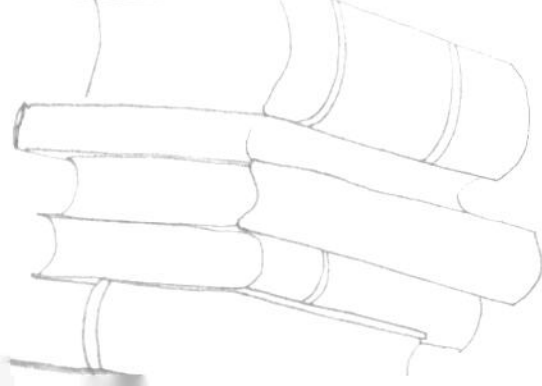

KV Wortschatz bearbeiten

Lies das Wort. Was ist besonders? Worauf musst du besonders achten (Verdopplung, Dehnungs-h, ß, ie …)?

 Das Wort als Bild zeichnen.

 Das Wort lesen und einprägen. Augen schließen und sich das Wort wie eine Fotografie vorstellen und jeden Laut aufsagen

 Das Wort in Sand oder in die Luft schreiben.

 Das Wort nochmals kontrollieren und dann auswendig ins Heft schreiben.

Aufgaben	✓

Achte auf orthografische Besonderheiten.

In den Wortlisten wurden orthografische Besonderheiten farbig markiert. Mit den Schülerinnen und Schülern können diese besprochen und sortiert werden:

Verdopplung (mm, ll, nn…)	-ie	Dehnungs -h	-ß-	-chs	-pf	-ng	-nk	-ck

10. Vereinzelte Übungen

Reimpaarspiel

Vor Beginn werden die Karten einmal von den Schülerinnen und Schülern gelesen. Die Kinder können zu jedem Wort überlegen, welche anderen Wörter sich darauf reimen könnten. Es können auch neue ‚sinnlose' Wörter dabei erfunden werden.

Die Kärtchen können ausgeschnitten und als Paarspiel gespielt werden, bevor die Schülerinnen und Schüler reimende Wörter in der gleichen Farbe malen.

Reimen hilft den Schülerinnen und Schülern, sich auf die Wortenden zu konzentrieren. Gerade Wortenden sind für viele Kinder besonders schwierig, und werden oft ‚vergessen'. Ein weiterer Pluspunkt am Reimen ist, dass Reimwörter im Deutschen oft gleich geschrieben werden.

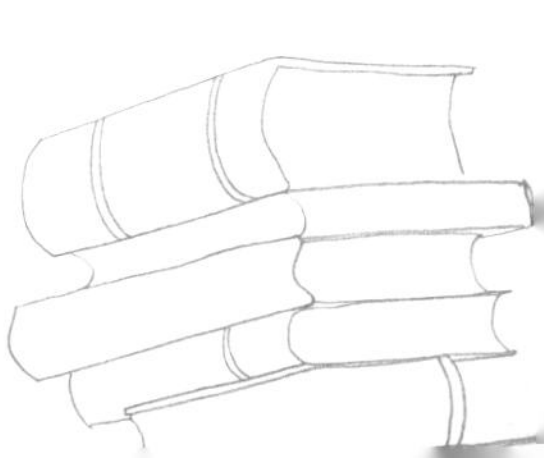

Wortstämme suchen

Ein Wortstamm ist die Basis eines Wortes. Weitere Wörter entstehen dadurch, dass Buchstaben, Silben, Prefixe oder Suffixe oder ganze Wörter hinzugefügt werden. Die Wortstämme werden dann in der Regel gleich geschrieben.

Ein Arbeitsauftrag dazu könnte sein: Suche einen Wortstamm und färbe ihn in einer Farbe deiner Wahl. Dann suchst du alle Wörter mit dem gleichen Wortstamm. Färbe sie in der gleichen Farbe. Dann suchst du dir einen anderen Wortstamm und eine andere Farbe.

Achtung: Es gibt unterschiedliche Anzahlen von Wörtern!

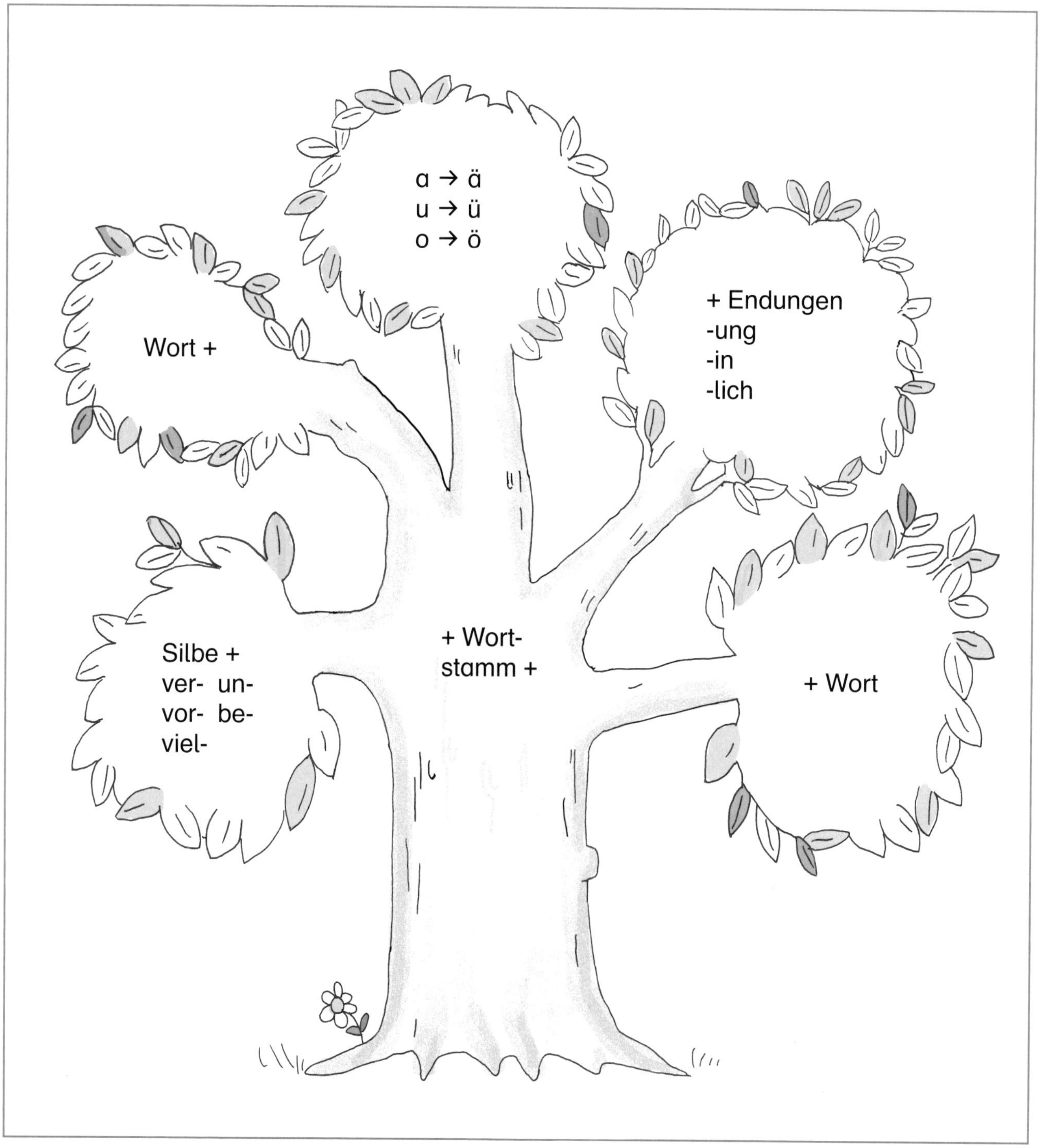

a → ä
u → ü
o → ö

Wort +

\+ Endungen
-ung
-in
-lich

\+ Wort-
stamm +

Silbe +
ver- un-
vor- be-
viel-

\+ Wort

Illustrationen: Cornelsen/Kristina Klotz

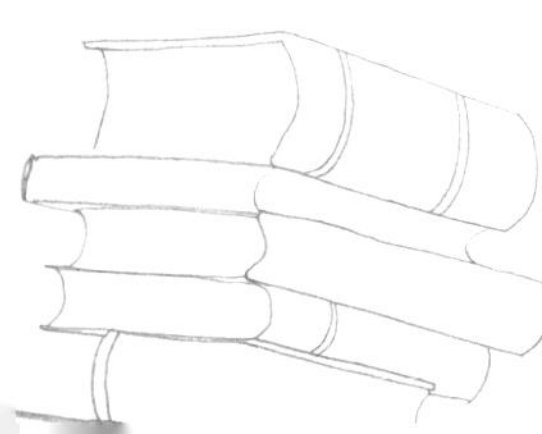

TEIL II: ÜBUNGEN ZU EINZELNEN LAUTEN

Buchstaben lesen (U, u)*

Name: ____________________ Klasse: __________ Datum: __________

U	u	u	u	u	u	U
u	i	a	u	o	i	u
i	a	o	e	u	e	u
u	a	e	u	e	u	o
o	u	i	a	u	e	a
u	u	o	a	u	i	u
o	u	u	i	e	u	o
u	m	u	n	u	u	l
u	m	n	u	k	u	m
m	n	u	k	u	n	l

KV 2

Silben und Quatschwörter lesen (u)*

Name: ______________________ Klasse: __________ Datum: __________

um	mu	ma	mi	mu
mo	um	ma	um	mu
lu	la	le	li	lo
la	al	ul	lu	li
ki	ku	uk	ak	ku
nu	un	nu	no	ni
fi	uf	fu	fo	uf
ufi	ifu	ofa	ufi	ofu
umi	maki	kifu	fuki	milo
miko	mika	kuli	kilu	luli
fumi	fulu	kulu	filo	moli
umu	omu	ulu	lilo	lima
nomi	umu	unu	nuli	nulo

Silben und Quatschwörter lesen (U, u)*

Name: ______________________ Klasse: ____________ Datum: ____________

um	um	am	mi
im	mi	ma	mo
lu	ul	ol	al
le	lo	ul	lu
uk	ok	ki	ke
in	un	on	en
fi	fo	of	fe
ufe	ufu	Ufo	ofi
nuki	nufi	filu	luki
kimu	fiku	mika	kami
meku	milu	umi	uma
nimu	numi	nulu	nolu
nolo	muli	mufi	filu

	1.	2.	3.	4.	5.	6.			
Zeit →									
↓									

Hinweis: Kann von oben nach unten und von unten nach oben gelesen werden.

Zeit: Schlage deinen eigenen Rekord! Lies von links nach rechts oder von oben nach unten!

KV 4

Wörter lesen (U, u)★★

Name: ______________________ Klasse: ______________ Datum: ______________

leicht

Anlaut	In-Laut		End-Laut
Uhr	Mund	Fuß	Peru
Ufer	gesund	Blume	
Uhu	Kuchen	Fuchs	
	Buch	Zug	
	Tuch	Mut	
	klug	Stuhl	
	Betrug	Hund	
	Brotkrume	Fluss	
	Luchs	Kuss	
	Genuss		
Adjektive, Verben, andere			
und	rufen	zum	dazu
	muss	bunt	zu
	suchen	klug	
	rund	gut	

schwer

unverschämt	Zunge	Guru
unvollkommen	gesund	Unterholz
Untier	Orang-Utan	Unterseeboot
Unheil	Lunge	Umwelt
Urteil	Junge	
Urmensch	Uran	Uranus
Urwald	Ursprung	

Lesetext: Wortebene (U, u)★★

Name: ________________ Klasse: ________ Datum: ________

Kuchen	suchen	Fluss	Blume
gesund	Kuchen	muss	Schuh
Blume	Mund	und	um
Fuchs	gesund	Uhu	Stuhl
muss	Kuchen	zu	Uhr
Mut	Buch	um	und
um	und	Tuch	gut
zum	Rum	suchen	Hund
rund	Ufo	rund	bunt
Kuchen	zu	Krume	Kuss
und	dazu	Luchs	Fluss
Mund	Mut	Fuß	Ufer
und	gut	dazu	Schuh

Hinweis: Die Schülerinnen und Schüler können alle ‚u' mit einem Stift farbig markieren.

KV 6

Schwierige Wörter lesen (U, u) ★★★

Name: ______________________ Klasse: __________ Datum: __________

unverschämt	Urwald	Peru	Orang-Utan	Ufo
unvollkommen	Ursprung	zu	Untier	und
Untier	und	dazu	dazu	Uran
Unheil	Mund	Guru	gesund	Uranus
Urteil	Unterholz	Zunge	zum	Zug
Urmensch	Unterseeboot	Junge	Zug	genug
Urwald	Umwelt	Lunge	klug	Betrug

Umkreise alle U und u.

Romaine Braun-Baustert • Problemlaute üben und festigen 2–4. Illustration: Kristina Klotz

Lesetext: Male was du liest! (U, u)★★

Name: ______________________ Klasse: ____________ Datum: ____________

Hinweis: Der Schüler/die Schülerin kann im Vorfeld alle ‚u' farbig markieren.

Es ist in aller Munde:
Unten am Ufer sitzt ein Fuchs.

Er zeigt seine Zunge und ruft aus vollem Munde:
„Wo bleibt der Genuss?"
Dabei sucht er den Kuchen, um Großmutter zu besuchen.

„Uhu!", schreit der Uhu von oben auf dem Baum.
Suche ein paar Blumen, um die Oma zu besuchen!
Nun sitzt er am Fluss, der Fuchs, und sucht Blumen.
Bald hat er alle Blumen und bringt sie zur Großmutter raus.
Nun braucht er nicht mehr zu suchen, sondern frisst den Kuchen.

Hinweis: Bilder zu einem gelesenen Text zu zeichnen ermöglicht der Lehrperson zu erkennen, ob das Kind den Text verstanden hat. Gleichzeitig erlaubt das Malen dem Kind, Bilder zu einem gelesenen Text aufzubauen. Dies ist eine wichtige Lesestrategie, um sich Texte besser merken zu können.

KV 8

Lesetext: Male was du liest! (U, u) ★★

Name: ______________________ Klasse: __________ Datum: __________

Hinweis: Der Schüler/die Schülerin kann im Vorfeld alle ‚u' farbig markieren.

Es ist in aller Munde, und macht überall die Kunde:
Unten am Ufer sitzt ein guter Fuchs.

Er zeigt ganz unverschämt seine Zunge und ruft aus vollem Munde:
„Betrug! Es gibt nur Lug und Trug an diesem Fluss. Wo bleibt der Genuss?"
Dabei sucht er nur, klug wie er ist, den Kuchen, um Großmutter zu besuchen.

„Uhu", schreit der Uhu von oben auf dem Baum.
„Du bist doch kein Untier! Suche ein paar Blumen, um die Oma zu besuchen!"
Nun sitzt er am Fluss der alte kluge Fuchs, und sucht bunte Blumen.
„Pass auf wie ein Luchs, auf dass du keine Blume zertrittst."
Bald hat er einen ganzen Krug mit Blumen und trägt ihn zur Großmutter raus.
Nun braucht er nicht mehr zu suchen, sondern frisst nur noch den guten Kuchen.

Hinweis: Bilder zu einem gelesenen Text zu zeichnen ermöglicht der Lehrperson zu erkennen, ob das Kind den Text verstanden hat. Gleichzeitig erlaubt das Malen dem Kind, Bilder zu einem gelesenen Text aufzubauen. Dies ist eine wichtige Lesestrategie, um sich Texte besser merken zu können.

Reimpaarspiel (u) ★★

Schneide die Kärtchen aus. Sortiere die Wörter: Immer zwei Wörter, die sich reimen, bilden ein Paar. Wenn du die Wörter wieder durcheinander mischst, kannst du sie noch einmal sortieren oder das Paarspiel spielen.

Mund	Apfelmus
gesund	Blume
Kuchen	Fuchs
Buch	muss
Tuch	Mut
suchen	gut
rund	Hund
Krume	bunt
Luchs	Kuss
Genuss	Fluss

Hinweis: Die Kinder können die Reimpaare in ihr Heft schreiben. In einer Wiederholung bietet es sich an, dass sie die passenden Paare in einer Farbe anmalen, statt sie auseinander zu schneiden.

Buchstaben lesen (O, o)*

Name: ______________________ Klasse: ____________ Datum: ____________

O	o	o	o	O
o	a	o	b	m
u	i	m	o	m
m	e	n	o	e
i	u	w	o	u
u	e	a	e	o
e	m	n	o	u
u	o	e	a	u
o	u	o	a	o
u	o	a	u	o

	1.	2.	3.	4.	5.	6.			
Zeit →									
↓									

Hinweis: Kann von oben nach unten und von unten nach oben gelesen werden.

Zeit: Schlage deinen eigenen Rekord! Lies von links nach rechts oder von Oben nach unten!

KV 2

Silben und Quatschwörter lesen (o)*

Name: ______ Klasse: ______ Datum: ______

um	om	im	am	om
bo	bu	bi	ba	bo
sa	si	su	so	se
ti	tu	to	ta	to
mi	mu	mo	ma	me
pu	pa	pu	po	po
lo	la	le	lu	lo
ro	ra	re	ri	ru
ku	ke	ko	ki	ko
kuso	saki	soku	kosu	suko
malu	lamo	lumo	Mula	molu
Tofu	fotu	tufo	Foto	futo
roku	roko	koru	kora	koru
niko	noku	kuno	noko	kuno
doku	doki	kido	diku	dika
nipu	nopo	poni	puno	pinu
wimo	mowo	wumo	wumu	muwo
bibi	bobo	bubu	bubo	bobu
susu	muso	pufo	kufo	tuwo

Wörter lesen (O, o)★★

Name: ______________ Klasse: ______________ Datum: ______________

Anlaut

Opa	Oma	Osten
Obst	Ostern	Oliven
Ofen	oben	Orange
Ohr	Ordner	Oase
Otter	ordnen	Osten
offen	oft	Orkan

In-Laut

von	Ton	Brot
Boden	rot	Rose
Hose	Dose	Not
Korb	Wort	Brot
Kopf	Krone	Hof
Drohne	drohen	Los
Melone	Wolf	groß
Boot	Not	voll

KV 3

Wörter lesen (O, o)★★

End-Laut

Klo	Auto	Euro
wo	Popo	Büro

Schwere Wörter

Kohle	Kompost	Oktopus
Omelett	Kompott	Okapi
Ochse	Oktober	Bohne
Rohr	Sohn	Lohn
Großmutter	Aprikose	ohne
Origami	Ordnung	Orgel

Färbe Bilder mit o / O und alle o / O.

Verbinde die Silben zu Wörtern.

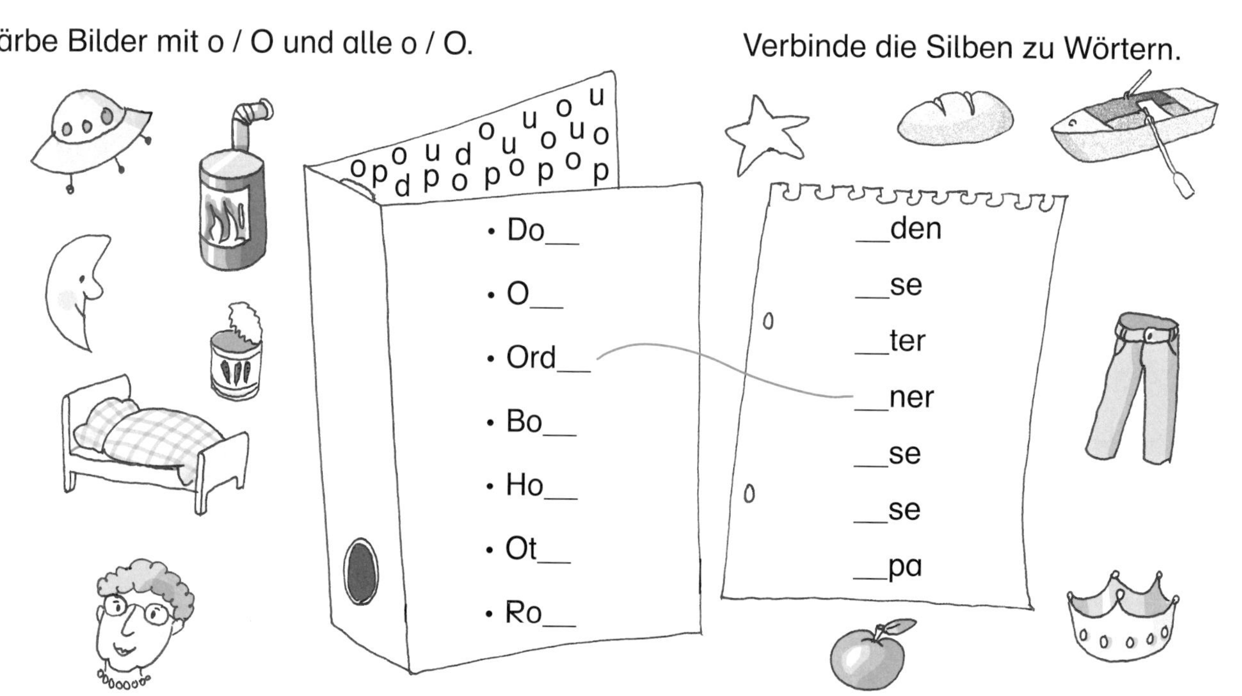

Romaine Braun-Baustert • Problemlaute üben und festigen 2–4. Illustration: Kristina Klotz

KV 4

Wortstämme suchen (O, o) ★★

Name: ____________________ Klasse: __________ Datum: __________

Schneide die Wörter aus. Markiere die Wortstämme der Wörter farbig. Ordne die Wörter nach den gleichen Wortstämmen. Wenn du die Wörter wieder durcheinander mischst, kannst du sie noch einmal sortieren.

Ostern	Osterblume	Dose	Osterei
drohen	Rose	Wasserrohr	Blumenkohl
Ordnung	groß	Ohrwurm	Großmutter
Obst	Bauernhof	Kohl	Ohrring
Steckdose	Ohr	Osterhase	Obstkuchen
Ordner	Obstbaum	Rosenbusch	Hof
Ohrenschmaus	ordnen	Großvater	Unordnung
Rosenstrauch	Rohr	Bedrohung	Rosenwasser
Rose	Rotkohl	ordnen	Obstschale

Tipp: Du kannst dir alle Buchstaben, die du dir besonders merken musst, farbig markieren:

- Wörter mit Dehnungs-h (h in der Mitte des Wortes ohne ch, sch)
- Wörter mit Verdopplungen (mm, oo, ss …)
- Wörter mit ß

KV 5

Lesetext (O, o): Rätsel lösen – Wer bin ich?★★

Name: ______________________ Klasse: __________ Datum: __________

Schreibe die Lösungswörter in die rechte Spalte.

Rätsel	Wer bin ich? Lösungswort
Mit mir kannst du gut hören:	
Er ist grau und lebt im Wald:	
Orangen, Äpfel und Birnen nennt man:	
Eine Blume, die stechen kann:	
Darin heftet man viele Blätter ab:	
Der Bauer lebt mit seinen Tieren auf dem ___.	
Wir wollen Pizza essen und legen sie in den ___.	
Die Prinzessin trägt eine ___ auf dem ___.	
Es hat vier Räder und die ganze Familie kann drinsitzen und damit fahren.	
Es schmeckt am besten direkt aus dem Ofen: frisches B ___.	
Im Sommer, wenn es warm ist, schmeckt eine leckere M ___.	

Lösung: Ohren, Wolf, Obst, Rose, Ordner, Hof/Bauernhof, Ofen, Krone, Kopf, Auto, Brot, Melone

KV 6

Lesetext (O, o): Rätsel lösen – Lückentext ★★

Name: __________________ Klasse: __________ Datum: __________

▶ Jeder Mensch hat zwei davon. Mit ihnen kann ich gut hören:

__________________.

▶ Mein Papa schenkt Mama eine rote __________________, die duftet sehr gut.

▶ Rotkäppchen besucht ihre __________________ im Wald und bringt ihr einen Kuchen mit.

▶ Der böse __________________ frisst zuerst die Oma und dann Rotkäppchen. Der Jäger rettet alle.

▶ Ein Kleidungsstück für die Beine nennt man __________________.

▶ Diese Tiere leben im Wasser. Sie fressen Fisch. Ihre Jungen liegen auf ihrem Bauch, wenn die Mutter schwimmt: O__________________

▶ Paul klettert auf den O__________________ baum und pflückt O__________________.

▶ Die Ampel schaltet auf __________________.

▶ Alle __________________ müssen stehen bleiben.

▶ Auf dem See rudern wir mit dem kleinen __________________.

▶ In der Kirche spielt schon die __________________, die Hochzeit beginnt bald.

Hinweis: Die Kinder können die Lösungen mit Hilfe der Wortschatzliste einsetzen.

Lösung: Ohren, Rose, Großmutter/Oma, Wolf, Hose, Otter, Obstbaum, Obst, Rot, Autos, Boot, Orgel

KV 1

Buchstaben lesen (B, b)*

Name: ____________________ Klasse: __________ Datum: __________

B	b	b	b	b	b
b	a	e	l	b	m
h	b	e	a	b	b
b	b	o	u	b	o
n	u	b	m	k	b
f	b	u	o	b	m
b	u	o	m	l	k
f	b	o	u	k	l
b	b	f	k	l	u
k	u	f	b	b	k
b	b	e	r	f	b
s	r	b	t	f	k
s	t	b	g	b	b

	1.	2.	3.	4.	5.	6.			
Zeit →									
↓									

Zeit: Schlage deinen eigenen Rekord! Lies von links nach rechts oder von oben nach unten!

Silben und Quatschwörter lesen (b)*

Name: ______________________ Klasse: __________ Datum: __________

bi	ba	bo	bu
bo	ba	bi	bei
bi	bu	ba	bi
ob	bi	ab	ub
bo	ba	bu	ub
ub	ib	bi	bu
eb	be	ib	ub
ibi	obo	ubu	ebe
ebe	ubu	obo	aba
ibu	abe	uba	iba
ebi	obu	abe	ebo
babi	bobu	beba	bebe
ibim	ibil	ibal	abim
ibul	ibel	ibek	abul
ibus	ibok	ibuf	abus
ebok	ebik	ebuf	eblu

	1.	2.	3.	4.	5.	6.			
Zeit →									
↓									

Zeit: Schlage deinen eigenen Rekord! Lies von links nach rechts oder von oben nach unten!

Silben und Quatschwörter lesen (b)*

Name: ______________________ Klasse: __________ Datum: __________

bu	bi	bo	be
bi	be	ba	bu
be	ba	bu	bo
eb	ob	ub	ib
ab	ib	ub	ob
ob	be	bo	bei
ab	ba	bi	be
aba	ibi	ubu	obo
ebe	ibi	obo	ubu
ibo	eba	ibu	obe
ubo	obu	ebe	ibi
bibi	bobo	baba	bubu
abuk	abok	obim	ubel
abik	obuk	ubil	ebim
abok	obil	ubal	ebif
ebla	eblo	eblu	eblo

	1.	2.	3.	4.	5.	6.			
Zeit →									
↓									

Zeit: Schlage deinen eigenen Rekord! Lies von links nach rechts oder von oben nach unten!

Wörter lesen (Wortebene) (B, b): Einfach und wiederholt**

Name: ______________________ Klasse: __________ Datum: __________

Baum	blau	Bild
Brunnen	Birne	Birne
Bart	Bauch	Brille
Baum	blau	Bild
Besuch	Besen	Rabe
Bart	Besen	Rabe
Brot	Banane	Ball
Bus	Biber	geben
Bauch	Blume	Banane
Bruder	Buch	heben
Brot	Biber	Ball
Buch	geben	braun
Bank	Beule	Aufgabe
Bank	Aufgabe	Beule
Bach	Blume	Gabel
Gabel	Bauer	Blume
Bauer	Blatt	braun
Blatt	heben	Birne

	1.	2.	3.	4.	5.	6.			
Zeit →									
↓									

Wörter lesen (Wortebene) (B, b): Einfach und wiederholt ⁂

Name: ______________________ Klasse: ____________ Datum: ____________

Baum	Bär	loben
Brunnen	Birne	Biene
Bart	Bauch	Kabine
Besuch	Besen	Rabe
Brot	Banane	bleiben
Bus	Biber	geben
Bäcker	besuchen	heben
Bäckerei	Beule	Aufgabe
Bach	Blume	Gabel
Bauer	Bauernhof	Liebe
Ball	bauen	Baby
braun	Bild	Brei
blau	böse	Brille
Bank	Buch	Blatt
Bruder	Berg	Biene

	1.	2.	3.	4.	5.	6.			
Zeit →									
↓									

Sätze lesen und dazu malen (B, b)*

Name: ______________________ Klasse: __________ Datum: __________

Der Bäcker backt Brot im Backofen.

Der Rabe braucht Blumen für sein Nest.

Der Bauer baut einen Brunnen auf seinem Bauernhof.

Bruno, der Braunbär, bleibt in der Bärenhöhle und frisst Brei.

Die Biene fliegt von Blume zu Blume.

Der Biber baut seinen Bau mit Baumästen am Bach.

Hinweis: Sätze lesen und malen hilft, Gelesenes in Bilder zu fassen. Bilder werden leichter im Gedächtnis behalten und können später bei schwierigen Texten eine Hilfe sein.

Sätze lesen und dazu malen (B, b) ★★★

Name: ______________________ Klasse: __________ Datum: __________

Backi, der Bäcker, backt braune Brötchen im Backofen.

Der blaue Rabe braucht blaue Blumen für seinen Nestbau.

Der Bauer Beni baut einen Brunnen für sein Hängebauchschwein auf seinem Bauernhof.

Bruno der Braunbär mit seinem vollen Bauch, bleibt in der Bärenhöhle und frisst Brei.

Brummi die Biene fliegt von Blume zu Blume und bringt Nektar zum Bienenstock.

Bob der Biber baut seinen Biberbau mit Baumästen am brausenden Bach.

Wortschatz (B, b)★★

Name: ______________________ Klasse: __________ Datum: __________

Leicht

Anlaut			Inlaut	Endlaut
Baum	Bär	Bank	loben	Schub
Beruf	Birne	besuchen	haben	gelb
Bart	Bauch	befreien	Kabine	Lob
Besuch	Besen	Brille	Rabe	
Brot	Banane	Berge	bleiben	
Bus	Biber	Buch	geben	
Bäcker	backen	Brei	heben	
Bäckerei	Beule	Biene	Aufgabe	
Bach	Blume	Bild	Gabel	
Bauer	Bauernhof	Baby	Liebe	
Ball	bauen	Blatt	leben	
braun	brauchen	Brunnen		
blau	böse			

Wortschatz (B, b)★★

Schwer

Anlaut		Inlaut	Endlaut
Bahnhof	befehlen	Mäuse-bussard	bald
Beule	Bussard	Himbeeren	
Bäume	Beeren	Erdbeeren	
brennen	Backwaren	bringen	
Bilderrahmen	Brief	befehlen	
benennen	Bleistift	besorgen	
beleidigt	Bagger	besprechen	
Bahn	Bienenstock		
Bad	Badezimmer		

Romaine Braun-Baustert • Problemlaute üben und festigen 2–4. Illustration: Kristina Klotz

Lesetext, Aufgaben, Strategien (B, b) ⁂

Name: ____________________ Klasse: __________ Datum: __________

Das Zauberbuch

Betty und Bert besuchen ihren älteren Bruder in den Bergen.

Sie haben ein blaues Buch dabei und schenken es ihm.

Bruder Ben ist begeistert: „Ich bedanke mich herzlich!

So ein schönes Buch mit so tollen Bildern."

„Es ist ein Zauberbuch", flüstert Betty.

Die beiden Kinder sind schon ganz aufgeregt. Ben nickt begeistert. Komm, wir probieren zu zaubern:

„Bim bam brummel, bring uns eine Banane!"

Es blitzt und blinkt. – Auf einmal liegt eine große Banane auf der Bank.

Bert bestimmt: „Nun bin ich dran: Bim bam brummel, bring uns eine Blume!" Es blitzt und blinkt. – Auf einmal liegt eine blaue Blume auf der Bank.

„Bim bam brummel, bring uns einen Biber!", ruft Betty ganz aufgeregt.

Bald darauf sitzt ein brauner Biber vor den Kindern. Die Kinder heben den Biber auf den Arm und drücken ihn gegen ihren Bauch. „Bim bam brummel, bring uns einen Bach und Bäume!" Schon fließt ein Bach durch das Wohnzimmer und Bäume wachsen an der Stelle des Sofas.

Alles beginnt zu wackeln, so fest, dass Betty aufwacht. Sie hat alles nur geträumt. Es gibt keine Banane, keine blaue Blume oder Bäume, keinen Biber und keinen Bach.

Zum Glück!

KV 9

Lesetext, Aufgaben, Strategien (B, b) ⁂

Aufgaben zum Textverständnis

1. Vor dem Lesen: Schau dir den Titel an und notiere dir alles, was dir dazu einfällt. Worum könnte es in der Geschichte gehen? Vergleiche deine Ideen mit deiner Gruppe. (Strategie 1)

2. Lies nun einmal den Text alleine für dich, dann laut vor. Versuche dir alles vorzustellen.

3. Wer besucht Ben?

4. Was zaubern die Kinder? Zeichne die Dinge auf, die sie gezaubert haben. (Strategie 2)

Bilder helfen, sich besser zu merken, was in der Geschichte geschehen ist.

5. Was würdest du zaubern – wenn du könntest? Schreibe es auf.

KV 9

Lesetext, Aufgaben, Strategien (B, b) ⁂

Lesestrategien

Bei den Textfragen wurden 2 Strategien benutzt. Welche sind das?

Strategie 1:

___

___

Warum ist diese Strategie nützlich?

___

___

Strategie 2:

___

___

Warum ist diese Strategie nützlich?

___

___

Lösung 1: Titel anschauen und sich Gedanken machen, Wörter sammeln.
Lösung 2: Bilder machen und auch einige malen: verstehen und merken.
Bild zum gelesenen Text: Im Wohnzimmer fließt ein Fluss, ein Biber sitzt neben dem Sofa.

Male ein Bild zu der Geschichte.

Lesetext, Aufgaben, Strategien (B, b) ★★★

Schreibanlässe

Was würdest du dir gerne zaubern? Erzähle.

Male, was du dir vorstellst:

Wortstämme suchen (B, b) ★★

Name: ______________________ Klasse: __________ Datum: __________

Schneide die Wörter aus. Markiere die Wortstämme der Wörter farbig. Ordne die Wörter nach den gleichen Wortstämmen. Wenn du die Wörter wieder durcheinander mischst, kannst du sie noch einmal sortieren.

Bauer	Liebe	Bienen
loben	Bauernhof	Bäcker
Bahn	Bild	Besuch
backen	Bahnhof	Bilderrahmen
besuchen	Backwaren	Backofen
Bienenstock	Lob	aussuchen
suchen	lieben	Einbildung
bauen	einbilden	verloben
bilden	Bienenhonig	Versuch
lieblich	Autobahn	lieb

Buchstaben, Silben und Quatschwörter lesen (D, d)*

Name: ______________________ Klasse: ____________ Datum: ____________

D	d	d	d	D
d	a	m	d	e
l	t	d	w	d
t	d	e	d	k
d	i	m	l	d
k	d	k	t	d
da	di	do	de	da
di	do	da	du	de
du	da	du	di	do
do	de	di	do	du
dadi	dodu	dede	dodu	dido
dedu	dido	duda	dodu	dedu
didu	dedu	kadu	dati	ladu
tadi	kadu	ladi	madu	kudo
doki	duko	tudo	ludo	doli

	1.	2.	3.	4.	5.	6.			
Zeit →									
↓									

Wörter lesen (D, d)★★

Name: ____________________ Klasse: __________ Datum: __________

Anlaut		Mitlaut	Endlaut
Dachs	Dame	Süden	und
Dackel	Delfin	Norden	bald
Dach	Dromedar	Adler	Bord
Drache	denken	Adel	Gold
Dino	du	anders	Lied
Dinosaurier	der	andere	Hund
Daumen	das	wieder	gesund
dunkel	die	lindern	rund
dick	dünn		Band
drei	drehen		Bänder
Decke	Drossel		Rand
Dose	Deckel		Ränder
Dusche	Duft		Strand
Durst	Düse		Stand
drohen	Drohne		Land
Dornen	denen		Kinder
denn	dessen		Rind
durch			Bild
			wund

KV 3

Endlaut mit Verlängern heraushören (d)

Name: ______________________ Klasse: ____________ Datum: ____________

Füge das fehlende Wort ein.

Einzahl	**Mehrzahl**
Hund	
	Ränder
Band	
	Länder
Stand	
	Strände
	Lieder
Kind	
	Rinder
	Bilder
einfaches Wort	**verlängertes Wort**
	gesünder
	golden
	umrunden
	Wunde

Färbe alle d und D:
Buchstaben, Wörter
und Bilder.

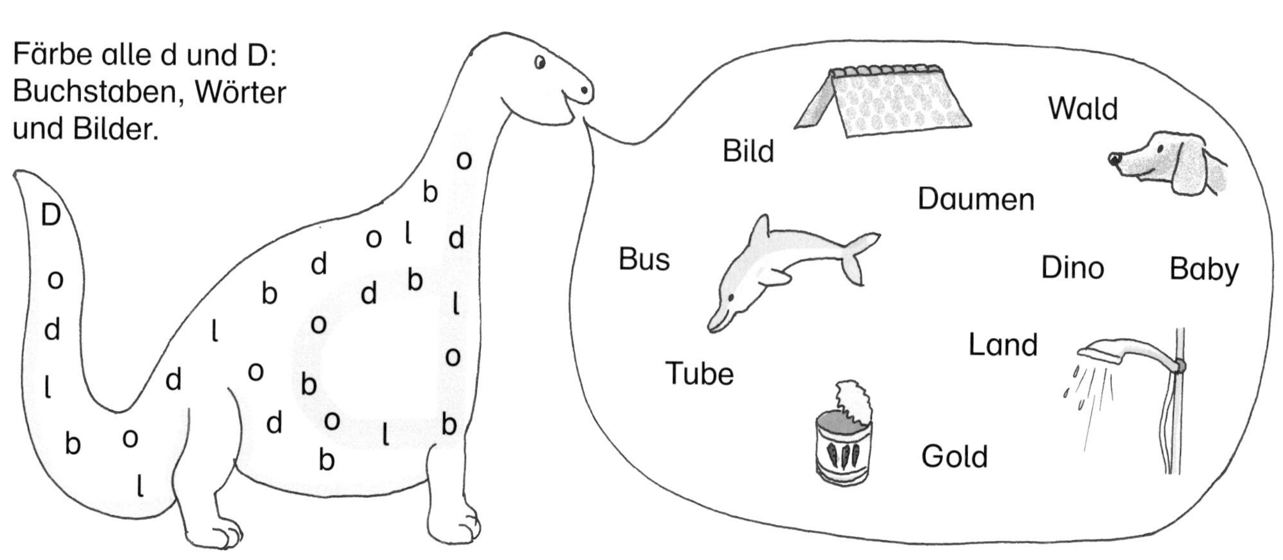

Romaine Braun-Baustert • Problemlaute üben und festigen 2–4. Illustration: Kristina Klotz

KV 4

Lesetext: Richtig oder falsch? (D, d)★★

Name: ______________________ Klasse: ____________ Datum: ____________

Richtig oder falsch? Kreuze die richtige Antwort an.

	richtig	falsch
Doris denkt, dass Dromedare 3 Höcker haben.		
Dinosaurier dürfen mit in den Dinosaurierpark, um sich die Kollegen anzusehen.		
Ich drück dir die Daumen, dies bedeutet: Ich wünsche dir Glück.		
Der Delfin ist sehr klug und kann viele Laute produzieren.		
Der Dachs wohnt mit einem Dackel in einem Dachsbau.		
Der Adler kann fliegen und duscht in der Dusche.		
Die Dornen der Rose drücken dem Dieb in die Haut, er blutet.		
Die Drohne kreist über den See und dreht schöne Filme von den Dachsen die dort schwimmen.		
Die Dame dreht die Drehorgel und die Kinder tanzen zur Musik.		
Die Drossel singt ein schönes Lied.		
Die Düse des Düsenjets bläst eine große Flamme, schon düst der Düsenjet los.		
Der dicke Dachs wohnt in einem dunklen Dachsbau.		
Der Strand ist voller Sand mit Dosen.		
Donald Duck ist ein Dachs, der Dummheiten macht.		

Buchstaben, Silben und Quatschwörter lesen (d, b)★★

Name: ______________________ Klasse: __________ Datum: __________

B	b	d	b	D
b	m	b	l	b
b	n	b	t	b
d	n	d	e	d
l	d	k	d	r
b	r	d	e	d
d	l	b	l	b
bli	bla	blo	blu	ble
do	di	da	de	du
bibo	babu	babi	babu	bibi
dado	didi	dosi	didi	dadu
bibo	babi	bu	budi	dadi
dadu	dadi	dadu	dede	dudi
babu	balu	bali	bili	dusi

	1.	2.	3.	4.	5.	6.			
Zeit →									
↓									

Wortschatz: Wörter mit b und d★★

Name: ______________________ Klasse: ____________ Datum: ____________

Nomen		Verben	Adjektive	andere
Bad	Band	baden	beleidigt	dabei
Badewanne	Abend		blöd	bald
Badezimmer	Kobold			
Bild	Bedeutung			
Bedienung				

Autonomes Erarbeiten der Wortschatzwörter

Auswahl aus den Wörtern mit b und d

Material: ausgewählte Wortschatzkärtchen für jeden Schüler/jede Schülerin (oder zum Ausschneiden), Checkliste

Die Schülerinnen und Schüler ziehen ein Wortschatzkärtchen, lesen es für sich und führen die einzelnen Etappen aus. Diese Arbeitsweise kann mit jedem Wortschatz durchgeführt werden.

Buchstaben, Silben und Quatschwörter lesen (P, p)★★

Name: ______________________ Klasse: ____________ Datum: ____________

P	p	p	p	P
p	m	b	g	t
b	p	g	t	p
m	g	p	p	b
pi	pa	po	pu	pe
ap	up	op	up	ip
pipu	Papa	Papi	Pepe	Popo
pupi	pepu	pupo	popi	pupo
mepa	mipo	mapu	mupi	mupe
pumi	pomi	pumo	pima	pumo
gupi	gapo	gepi	gupo	gipa
pagu	pigo	pegi	pagu	pegi
bapu	bapa	bepi	bopi	bepe
pebi	pubo	pibo	pabe	poba
tipo	tepi	Tapir	topo	tipa
Pita	petu	pato	peti	puto
pimo	pagu	bipo	topu	bepi

	1.	2.	3.	4.	5.	6.			
Zeit →									
↓									

Wörter lesen (P, p)★★

Name: ____________________ Klasse: __________ Datum: __________

Schreibe alle Wörter mit Doppellaut in dein Heft. Spreche die Wörter dazu in Silben.

Park	Pferd	Pudel
Pass	Pause	Pilot
Polizist	Pilz	Prinz
Puma	Pulli	Prinzessin
Panda	Pinguin	Paprika
Panther	Pokal	Pirat
Post	Paket	Panne
Piste	Pizza	Plan
Pinsel	Perle	parken
Puder	Palme	
Papa	Puppe	Papier
Papagei	Lampe	Ampel
Suppe	Lupe	Sport
Opa	Raupe	sprechen
Stempel	Lippe	spielen
Stopp		speien

Schwere Wörter lesen (P, p) ★★★

Name: ______________________ Klasse: ____________ Datum: ____________

plustern	Opfer	Puzzle
Pullover	Pistole	Pantoffel
Trompete	Spielplatz	Computer

Lesetext (P, p) ★★★

Name: ______________________ Klasse: __________ Datum: __________

Pipo, der Pirat

Der Pirat Pipo fährt mit seinem Piratenschiff im tiefen Meer. Er hat einen Plan. Er möchte den Piratenschatz seines Opas Pirat Pupa finden. Nun hat er ein Paket erhalten, in dem sich ein Papier mit einer Schatzkarte befindet.

Unterwegs stoppt er, um die Prinzessin Pina und den Prinzen Puki zu retten. Sie spielen in der Pause zusammen ein tolles Spiel. Der Papagei Pikpik sitzt die ganze Zeit auf Pipos Schulter.

Bald erreichen sie eine kleine Insel. Sie nehmen ihr Pferd, die Lampe und die Lupe mit. Sie begegnen einem schwarzen Puma, einem schnellen Panther und einer kleinen Raupe.

Sie ‚parken' das Pferd und graben immer tiefer und tiefer. Dann finden sie ein Paket. Im Paket befinden sich Opas Perlen! Sie sind reich!

Notiere alle P-Wörter, die großgeschrieben werden.
Notiere alle P-Wörter, die kleingeschrieben werden in der Tabelle:
Jedes Wort nur einmal schreiben!

Großgeschriebene Wörter (Nomen)			**Kleingeschriebene Wörter**

Buchstaben, Silben und Quatschwörter lesen (K, k)★★

Name: ______________________ Klasse: __________ Datum: __________

K	k	k	k	K
k	m	t	k	u
m	k	a	w	X
p	k	d	k	t
h	d	k	p	x
ki	ko	ka	ku	ke
ok	uk	ak	ko	ik
liku	laki	luko	Luke	leki
Kali	kiku	kaki	koku	keke
maki	kalu	kamu	koki	moki
siko	kiso	kasu	kiso	kosa
daku	kadu	kadi	diko	doku
niki	koni	kido	kuda	kuki
diko	daku	kuda	kido	kidu
piku	paki	puki	kipu	kapu

	1.	2.	3.	4.	5.	6.			
Zeit →									
↓									

Romaine Braun-Baustert • Problemlaute üben und festigen 2–4

Wörter lesen (K, k)★★

Name: ______________________ Klasse: ____________ Datum: ____________

Anlaut		
Nomen		**Verben**
Kamel	Kiefer	kommen
Kamin	Kreide	kaufen
Katze	König	kraulen
Kerze	Kurve	kriechen
Krone	Knopf	kleben
Kraut	Kirche	kleckern
Kohl	Kaffee	kennen
Kohle	Kind	klagen
Karte	Kuchen	krabbeln
Käfer	Krume	klauen
Korb	Kino	
Käse	Kuh	
Kartoffel	Koffer	
Kalb	Kuss	**Adjektive**
Kleid	Krokodil	krumm
Küche	Küken	klug
Kater	Keller	klar
Kabel	Kirsche	kalt
Kern	Kanne	
Kiste	Keule	
Kopf	Küste	

Wörter lesen (k)★★

Inlaut		
Nomen	**Verben**	**Adjektive**
Wolke	denken	dunkel
Gurke	schenken	
Anker	trinken	
Paket		
Endlaut		
Nomen		**Adjektive**
Werk	Schrank	blank
Bank		krank

Schwere Wörter lesen (K, k)

Name: ________________ Klasse: ________ Datum: ________

Blumenkohl	Kaninchen	Küchenkraut
Kohlrabi	Kameraden	Kühlschrank
Kohlgrube	Schokolade	Kaufhaus
Krankenhaus	Kakadu	Kastanie
Kaugummi	Kaktus	Kutsche
Kastanienbaum	Krokus	Krallen
Kammer	Klammer	Plakat

Lesegenauigkeit: Auf jeden Buchstaben kommt es an!

KV 4

Detektivspiel (K, k)★★

Name: ______________________ Klasse: __________ Datum: __________

Jetzt bist du Detektiv oder Detektivin! Finde die Unterschiede: Vergleiche die beiden Wörter. Beschreibe die Unterschiede und diskutiere, was die Wörter bedeuten.

krumm dumm	Krokus Kakadu	Keller Teller	Kern gern
Kanne Tanne	Kohl Kohle	Bank blank	Kammer Klammer
Kopf Knopf	Kirche Kirsche	Tatze Katze	Kamel Kamin

Verbinde die Silben zu Wörtern.

Färbe und zähle alle K.

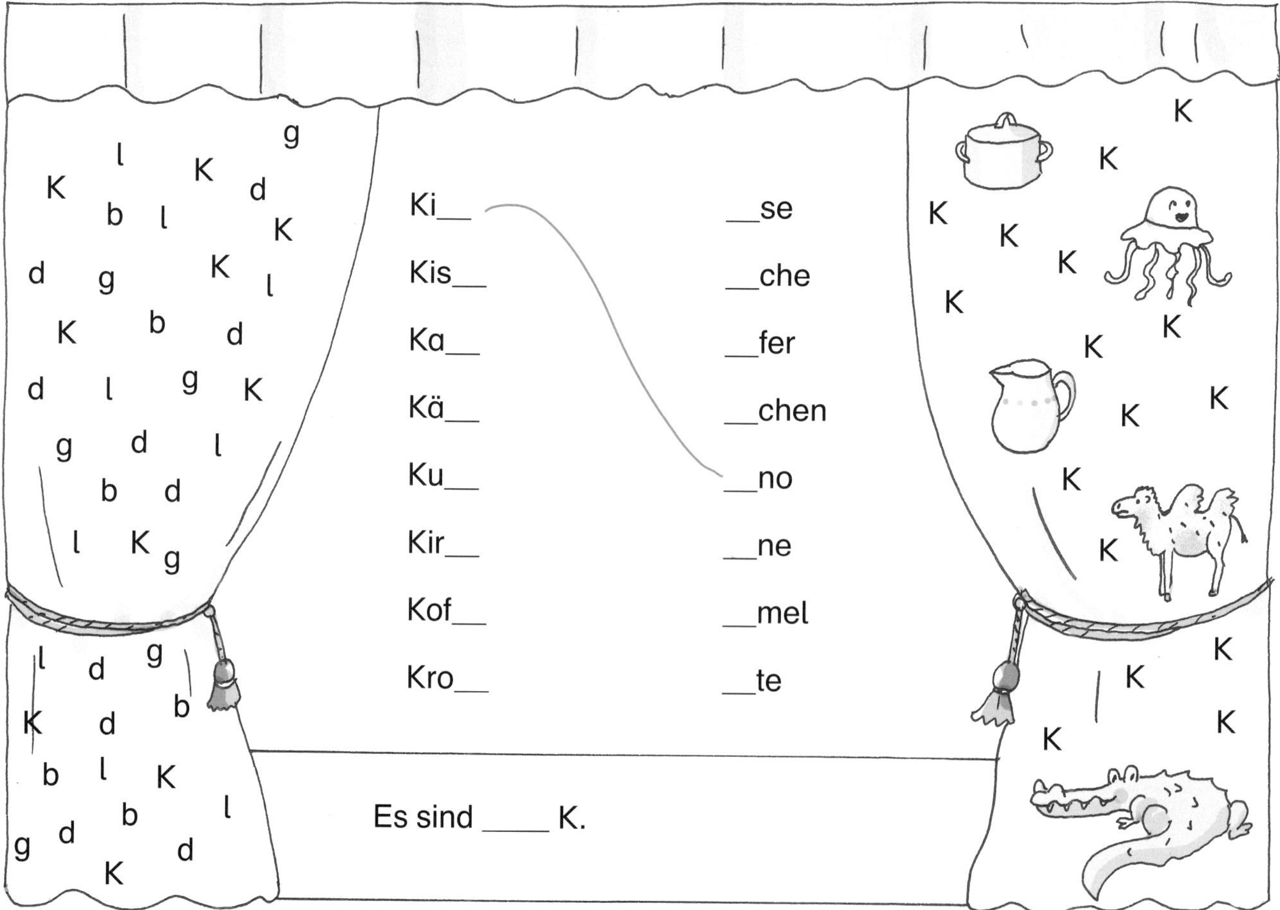

Romaine Braun-Baustert • Problemlaute üben und festigen 2–4. Illustration: Kristina Klotz

Lesetext (K, k): Märchen vom König Kokunat**

Name: ______________________ Klasse: __________ Datum: __________

Das Märchen vom Kohlenklau-König

Der König Kokunat lebte an der Küste.

Er hatte eine Krone auf dem Kopf.

Er hatte eine Katze und einen Kater.

Eines Tages kam ein Kamel mit Kohle.

Die Kinder sollten die Kohle bekommen.

Doch der böse König klaute die Kohle.

Die Königin kam nach Hause.

Sie hatte schöne Kleider. Sie war sehr klug.

Sie erzählte dem König von Gold, das an der Küste liegen sollte.

Schnell lief der König dorthin.

Er fand einen Koffer mit Kreide.

Der König wurde in einen Käfer verwandelt.

Die Königin gab jedem Kind Kohle.

Jede Familie bekam einen Kuchen.

Alle waren froh und feierten ein schönes Fest.

Male zur Geschichte.

Lesetext (K, k): Märchen vom König Kokunat ☆☆

Name: ______________________ Klasse: ____________ Datum: ____________

Das Märchen vom Kohlenklau-König

Der König Kokunat lebte in seinem großen Königreich an der Küste. Er hatte eine Krone auf dem Kopf und saß auf seinem Thron. Er hatte seine Katze und seinen Kater oft auf dem Schoß und kraulte sie gerne.

Eines Tages kam ein Kamel mit Kohle. Die Kohle kam aus einem Kohlenberg. Die Kinder sollten die Kohle bekommen, damit sie es schön warm haben. Der König klaute jedoch die Kohle.

Die Königin hatte vom Kohlenklau gehört. Schnell kam die Königin nach Hause. Sie hatte schöne Kleider. Sie war sehr klug und erzählte dem König Kokunat, an der Küste würde eine ganze Kiste voller Gold liegen. Schnell lief der König zur Küste. Doch als der König an die Küste kam, fand er nur einen Koffer voller Kreide. Er wurde kreidebleich und verwandelte sich in einen Käfer. Er musste fortan als Mistkäfer leben und krabbelte für immer an der Küste entlang.

Die kluge Königin verteilte schnell die Kohle und gab jeder Familie einen Kuchen. Alle feierten ein schönes Fest.

Male zur Geschichte.

KV 7

Textverständnis (K, k): Lesetext Märchen★★

Name: ______________________ Klasse: __________ Datum: __________

1. Nimm deine Lieblingsfarbe und umkreise alle k und K im Text.

2. Beantworte folgende Fragen. Suche die Antworten im Text! Unterstreiche die Frage mit der gleichen Farbe wie die Antwort im Text.

Wer ist der Bösewicht in der Geschichte? (rot)

____

Welche Tiere hatte der König am Hof? (blau)

____

Was hatte der König geklaut? (grün)

____

Gab es Gold an der Küste? (orange)

____

Welches Geschenk bekamen die Kinder von der Königin? (rosa)

____

Warum wurde der König in einen Käfer verwandelt?
(Hier musst du nachdenken.)

____

____

Hat dir die Geschichte gefallen? Warum?

____

____

____

3. Male etwas zur Geschichte auf ein extra Blatt.

KV 8

Mehrzahl: Unterstreiche die Unterschiede! (K)★★

Name: ______________________ Klasse: __________ Datum: __________

Deine Lehrerin oder dein Lehrer liest dir die Wörter in der Mehrzahl vor. Vergleiche die Wörter mit denen, die auf deiner Liste sind. Auf deiner Liste stehen die Wörter in der Einzahl. Unterstreiche die Unterschiede. Was ist anders? – Warum? Versuche Regeln für die Mehrzahlbildung zu erkennen. Schneide die Wörter aus. Ordne sie nach den Regeln.

Kamel
Krone
Hecke
Karte
Kurve
Kohl
König
Kreide
Kuchen
Kleid
Käfer
Koffer

Die Schülerinnen und Schüler erhalten eine Liste mit Wörtern in der Einzahl. Die Lehrperson liest Wort für Wort, langsam vor. Die Wörter, die die Lehrperson vorliest, sind jedoch in der Mehrzahl. Jedes Kind spielt Lehrperson und unterstreicht die Buchstaben, die unterschiedlich sind. Anschließend werden die Wörter auf Kärtchen geschrieben. Die Kinder sollen jeweils zu zweit zwei Regeln für die Mehrzahlbildung finden und die Wörter danach sortieren.

Idee aus dem Buch: Ohoh Manuel de l'élève et guide méthodologique, Heymans (Atzéo Edtions)

Mehrzahl: Unterschiede finden (K)★★

Name: ______________________ Klasse: ____________ Datum: ____________

Unterstreiche die Unterschiede in der Mehrzahl.

Mehrzahl ★★★

Einzahl	**Mehrzahl +e**
Kamel	Kamele
König	Könige
Kohl	Kohle
Einzahl	**Mehrzahl +en**
Hecke	Hecken
Krone	Kronen
Kastanie	Kastanien
Kreide	Kreiden
Einzahl	**Mehrzahl +er**
Kleid	Kleider
Einzahl	**Mehrzahl unverändert**
Käfer	Käfer
Kiefer	Kiefer
Koffer	Koffer
Kuchen	Kuchen

Mehrzahl: Ausnahmen ★★★★

Merke

Einzahl	**Mehrzahl**
Kakadu	Kakadus
Kaktus	Kakteen
Ableitung	
Korb	Körbe
Kalb	Kälber
Kuh	Kühe
Kraut	Kräuter

Idee aus dem Buch: Ohoh Manuel de l'élève et guide méthodologique, Heymans (Atzéo Edtions)

Mehrzahl bilden (K)★★

Name: ______________________ Klasse: ____________ Datum: ____________

Finde die Mehrzahl und schreibe sie auf.

Einzahl	**Mehrzahl**
Kamel	
König	
Kohl	
Einzahl	**Mehrzahl**
Hecke	
Krone	
Kastanie	
Kreide	
Einzahl	**Mehrzahl**
Kleid	
Einzahl	**Mehrzahl**
Käfer	
Kiefer	
Koffer	
Kuchen	

Mehrzahl: Ausnahmen★★★★

Einzahl	**Mehrzahl**
Kakadu	
Kaktus	
Ableitung	
Korb	
Kalb	
Kuh	
Kraut	

Idee aus dem Buch: Ohoh Manuel de l'élève et guide méthodologique, Heymans (Atzéo Edtions)

KV 11

Mehrzahl bilden (K) ★★★

Name: ______________________ Klasse: ____________ Datum: ____________

Schreibe in der Mehrzahl.

Pass auf! Alles verändert sich, wenn du die Mehrzahl schreibst.

Das Kamel trinkt Wasser.

____

Das Kalb liegt bei der Hecke.

____

Die Kuh trinkt.

____

Der König hat eine Krone.

____

Das Kamel speichert Wasser.

____

Im Korb ist ein Kleid.

____

Der Käfer krabbelt auf der Kiefer.

____

Die Königin spendet Kuchen.

____

Buchstaben, Silben und Quatschwörter lesen (g)★★

Name: ______________________ Klasse: __________ Datum: __________

G	g	g	g	G
g	f	g	k	p
f	g	k	p	g
r	u	p	g	g
g	p	g	k	k
gu	ga	ge	gi	go
ka	ku	ki	ke	ka
pi	po	pa	pe	po
gaga	gege	gigi	gogo	gugu
figo	fuga	fogi	fuga	figi
kuga	kiga	kigo	kegu	kago
gupi	gape	gapo	gepi	gapo
pagi	pagu	paga	pigi	pego
gaku	kigo	kiga	guko	giko
gifi	gofi	gofu	gafa	gifi
gigi	gogi	goga	guga	gogu

	1.	2.	3.	4.	5.	6.			
Zeit →									
↓									

Wörter lesen (G, g)★★

Name: ______________________ Klasse: __________ Datum: __________

Anlaut		
Giraffe	Gans	**Tuwörter**
Gabel	gesund	gehen
Gabe	Gefahr	graben
Gockel	Gefühl	geschehen
Gerste	Garten	gruseln
Gast	Glück	geben
Glocke	Gold	**Adjektive**
Geschenk	Gurke	gelb
Geist	Auge	grau
Gitarre	Gemüse	grimmig
Geld	Gesicht	grün
Gürtel	Glas	gut
Gras	Gorilla	glänzen
Geier	Glanz	
Inlaut		
Igel	Tiger	fragen
Vogel	Nagel	sagen
Regen		tragen
Endlaut		
Ring	Berg	**Tuwörter**
Zwerg	Tag	ging
Zug	Krug	**Adjektive**
Burg		klug

Wörter lesen (G, g)★★

Wortschatzaufträge

Schneide alle Wörter aus und ordne sie nach folgenden Angaben:

- ▸ Sortiere die Wörter nach der Wortart: Nomen, Verben, Adjektive.
- ▸ Suche alle Tiere, Gegenstände, Natur.

Schwere Wörter ***

Gelenk	Gesang	Dienstag
Gämse	Gestank	Sonntag
Freitag	Wochentag	Montag
Donnerstag	Samstag	Papagei
Gespenst	Grashüpfer	Grauwal
Goldfisch	Geschichte	galoppieren

Lesetext (G, g): Geschichte★★

Name: ____________________ Klasse: __________ Datum: __________

Die Geschichte vom Zwerg hinter dem Berg

Ein Zwerg wohnte bei einem Berg. Jeden Tag grub er nach Gold.
Eine Giraffe galoppierte an ihm vorbei:
„Guten Tag! Nach was graben Sie?", fragte die Giraffe.
„Gold!", antwortete der Zwerg.
„Viel Glück!", wünschte die Giraffe und ging.
Dann kam eine Gans.
„Guten Tag! Nach was graben Sie?", fragte die Gans.
„Gold!"
„Dann viel Glück!", wünschte die Gans und ging.
Dann kam ein Gorilla.
„Guten Tag! Nach was graben Sie?", fragte der Gorilla.
„Gold!"
„Dann helfe ich!" Der Gorilla grub.
„Gold! Gold!", schrie der Zwerg.
„Ich habe Gold!"
‚Aber was soll nun geschehen?', dachte der Zwerg.
Er schaute zum Gorilla. Seine Augen glänzten vor Freude.
Der Zwerg gab dem Gorilla das Gold und sagte: „Hier ein Geschenk!
Nimm das Gold."
Der Gorilla sagte: „Ich weiß, was ich mit dem Gold mache!"
„Ja?", fragte der Zwerg.
„Ja, ich kaufe uns eine Burg, wenn du möchtest!"
„Juchu. Ich wollte immer auf einer Burg wohnen!", rief der Zwerg.
Beide waren fortan glücklich.

Romaine Braun-Baustert • Problemlaute üben und festigen 2–4. Illustration: Kristina Klotz

Lesetext (G, g): Geschichte ★★

Name: ______________________ Klasse: __________ Datum: __________

Die Geschichte vom Zwerg hinterm Berg

Ein grüner Zwerg wohnte bei einem riesigen Berg. Jeden Tag ging er in die Welt hinaus und grub nach Gold. Tagein tagaus grub und grub er grimmig weiter. Eines Tages galoppierte eine Giraffe an ihm vorbei:
„Guten Tag! Nach was graben Sie?“, fragte die Giraffe.
„Gold!“, antwortete der Zwerg.
„Dann viel Glück!“, wünschte die Giraffe und ging weiter.
Gleich darauf kam eine Gans
„Guten Tag! Nach was graben Sie?“, fragte die Gans. „Gold!“
„Dann viel Glück“, wünschte die Gans und ging weiter.
Gleich darauf kam ein Gorilla.
„Guten Tag! Nach was graben Sie?“, fragte der Gorilla. „Gold!“
„Dann helfe ich dir!“ Mit seinen großen Armen half er graben. Der Zwerg und der Gorilla gruben und gruben. „Gold! Gold!“, schrie der Zwerg plötzlich und sprang auf und ab. „Ich habe Gold!“ Er hielt den goldenen Klumpen gegen die Sonne.
‚Aber was soll nun geschehen?‘, dachte der Zwerg. Der Gorilla wollte bestimmt einen Anteil … Aber der Zwerg wollte gerne das Gold für sich. Doch dann schaute er zum Gorilla. Seine Augen glänzten vor Freude.
Der Zwerg gab dem Gorilla das Gold und sagte: „Hier, ein Geschenk! Nimm das Gold für dich.“
Der Gorilla war glücklich und meinte: „Ich weiß, was ich mit dem Gold mache!“
„Ja?“, fragte der Zwerg etwas enttäuscht.
„Ja, ich kaufe uns eine Burg, wenn du möchtest!“
„Juchuh! Genau deshalb habe ich das Gold doch gesucht! Ich wollte mir eine Burg kaufen! Toll, ich würde gerne mit dir auf einer Burg wohnen!“, rief der Zwerg. Beide waren fortan glücklich.

Romaine Braun-Baustert • Problemlaute üben und festigen 2–4. Illustration: Kristina Klotz

KV 5

Aufgaben zur Geschichte vom Zwerg (G, g) ★★

Name: ______________________ Klasse: ____________ Datum: ____________

1. Nimm deine Lieblingsfarbe und umkreise alle g und G.

2. Beantworte folgende Fragen. Suche die Antworten im Text! Unterstreiche die Antwort mit der gleichen Farbe wie die Frage.

(gelb) Wer sucht Gold?

____

(grün) Wer hilft dem Zwerg?

____

(blau) Welche Tiere begegnen dem Zwerg? Schreibe sie in der richtigen Reihenfolge auf.

____

3. Was denkst du? Hat sich der Zwerg richtig entschieden? Warum?

____

____

4. Was hättest du mit dem Gold gemacht?

____

____

Tolle Übung zum Lesetext:
Tuwörter unterstreichen und herausschreiben
Tuwörter im Präsens schreiben
Tuwörter im Präteritum schreiben

Detektivspiel (G, g)★★

Name: ______________________ Klasse: __________ Datum: __________

Jetzt bist du Detektiv oder Detektivin! Finde die Unterschiede: Vergleiche die beiden Wörter. Beschreibe die Unterschiede und diskutiere, was die Wörter bedeuten.

Gänse Gämse	Gesang Gestank	Geist Gast	Berg Burg
Gas Gras Glas	Glocke Gockel	Gerste Gäste	fragen tragen sagen klagen

Färbe alle G / g.

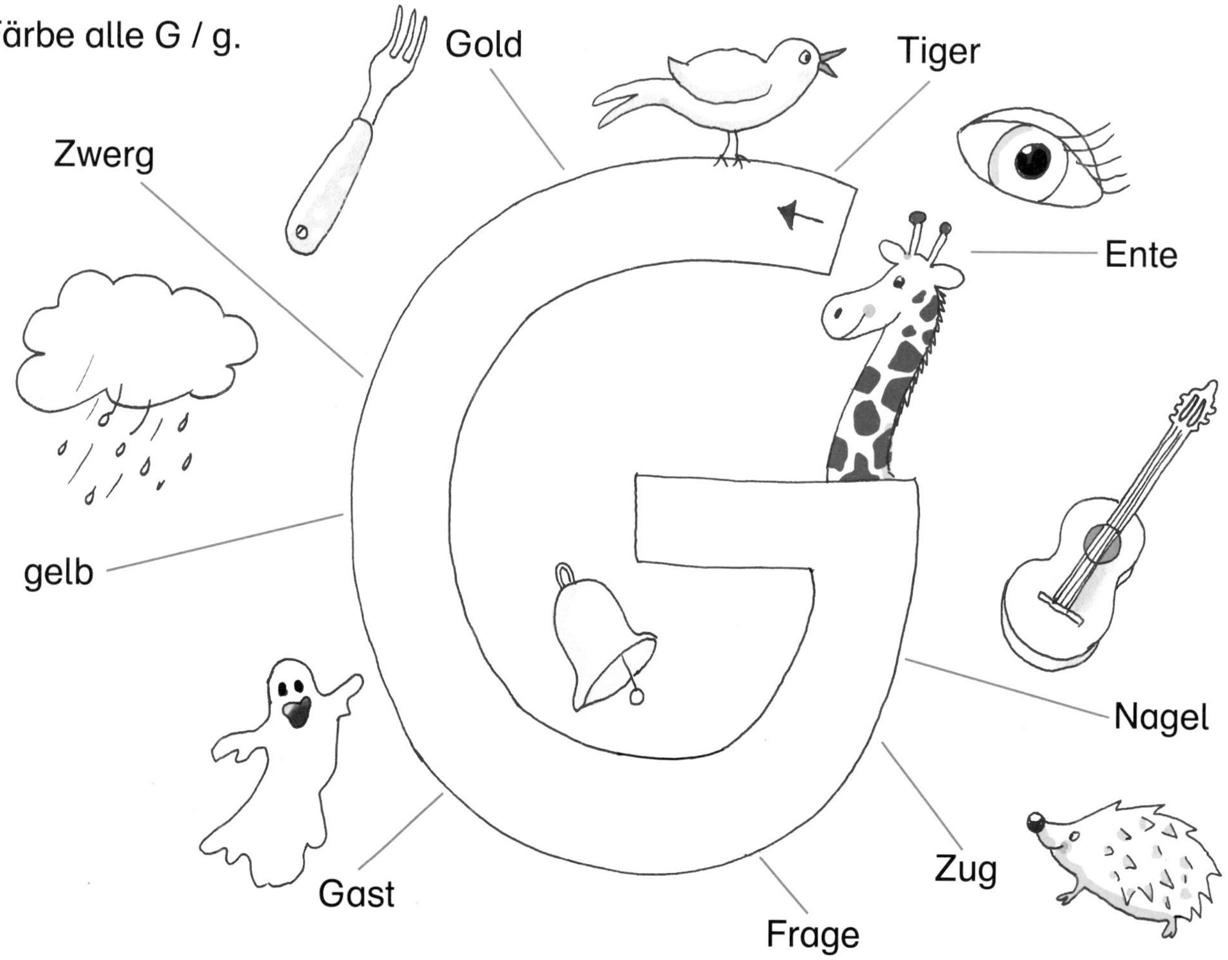

Gold

Tiger

Zwerg

Ente

gelb

Nagel

Zug

Gast

Frage

Romaine Braun-Baustert • Problemlaute üben und festigen 2–4. Illustration: Kristina Klotz

Buchstaben, Silben und Quatschwörter lesen (F, f)★★

Name: ______________________ Klasse: ____________ Datum: ____________

F	f	f	f	F
f	l	a	k	f
d	f	h	f	t
t	r	f	p	l
f	l	k	a	t
a	f	l	k	f
fa	fi	fo	fu	fe
if	of	uf	ef	af
fifi	fufu	fafa	fefe	fofo
ufu	afa	efe	ifi	ofo
fifo	fafu	fefu	fifa	fufo
lifu	lefo	lofi	lafu	lefo
filu	fali	fula	folu	falu
kifo	foku	kafu	faku	feke
fito	tofi	tafu	fito	tofi
tifu	tafo	Foto	fito	tofi

	1.	2.	3.	4.	5.	6.			
Zeit →									
↓									

Wörter lesen (F, f)**

Name: ______________________ Klasse: __________ Datum: __________

Leichte Wörter **

Anlaut		
Nomen		**andere**
Foto	Freund	fischen
Ferien	Fenster	fressen
Fisch	Farbe	feiern
Fasan	Feuer	fahren
Fohlen	Flasche	finden
Fels	Fuß	fliegen
Frau	Frosch	falten
Fuchs	Fliege	fehlen
Falle	Fass	fragen
Faust	Fahne	
Fabrik	Fleisch	für
Finger	Faden	frisch
Form	Feder	frei
Fichte	Foto	fest
Inlaut		
Efeu	Giraffe	treffen
Heft	Sofa	laufen
Affe	Tafel	
Käfer	Stift	
Endlaut		
Brief	Hof	tief
Schaf	Wolf	steif
		auf
		schief

Wörter lesen (F, f)★★

Schwere Wörter ***

Fahrrad	Fernseher	Federmäppchen
Flugzeug	Fischer	Fledermaus
Fußball	Fehde (Streit)	Bleistift
Telefon	Marienkäfer	werfen
Maulwurf	Kaffee	Feuerwehr

Rätselseite (F, f) ★★

Name: ______________________ Klasse:__________ Datum: __________

1. Male Wörter mit denselben Wortstämmen mit einer Farbe an.

fahren	Fisch	Flugzeug	Fahrbahn
Feuerwehrauto	Finger	Feder	Stift
Federmäppchen	Bleistift	Fahrschule	Käfer
Marienkäfer	Feuer	Fingerhut	fliegen
Fischer	sehen	Fahrrad	Feuerwehr
Flug	Borkenkäfer	fischen	Fernseher

2. Löse das Rätsel. Finde die Wörter. Die Abbildungen helfen dir.

a) Damit kann man fahren. Man muss nur die Pedalen drücken.

b) Man kann mit jemandem sprechen, der ganz weit weg ist.

c) Dort arbeiten viele Menschen. Sie stellen etwas her.

d) Wolle erhalten wir von den …

e) Er ist grün, lebt im Wasser und kann weit springen

f) Man sagt über dieses Tier, es sei sehr schlau

g) Dieses Tier hat den längsten Hals.

h) Man tritt mit dem Fuß bei einem Spiel dagegen.

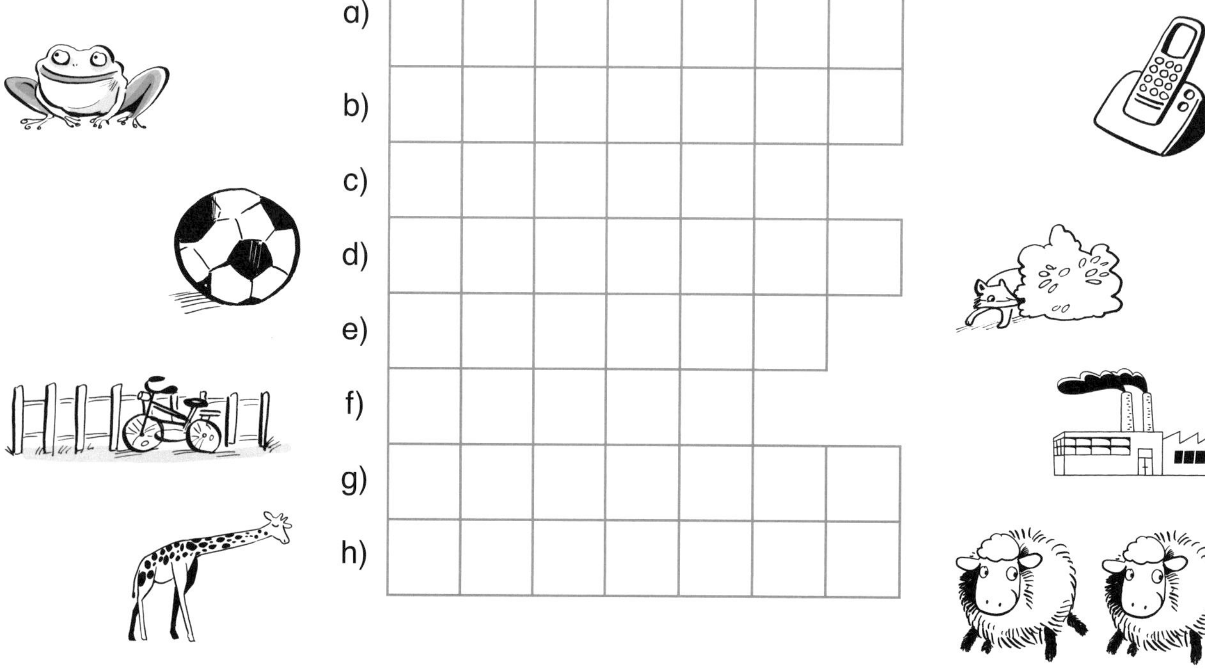

Romaine Braun-Baustert • Problemlaute üben und festigen 2–4. Illustrationen: Liliane Oser, außer Fabrik: Mascha Greune

Leseübung (F, f)*

Name: ______________________ Klasse: ____________ Datum: ____________

Lies die Sätze. Beantworte die Fragen. Unterstreiche jeweils die Frage mit einer Farbe. Unterstreiche mit der gleichen Farbe die Antwort (nur das/die Wörter, die zur Frage passen).

1. Der Frosch frisst eine Fliege.

Wer frisst eine Fliege (blau)?

____

Was frisst der Frosch (rot)?

____

2. Die Feuerwehr fährt zum Haus.

Wohin fährt die Feuerwehr (blau)?

____

Wer fährt zum Haus (rot)?

____

3. Der Fuchs fischt eine Forelle aus dem See.

Wer fischt eine Forelle aus dem See (blau)?

____

Was fischt der Fuchs aus dem See (rot)?

____

Woraus fischt der Fuchs die Forelle (grün)?

____

Was macht der Fuchs mit der Forelle (orange)?

____

Aufgabe zur Erweiterung:

Erfinde selbst Sätze mit den Wörtern aus deinem Wortschatz. Schreibe selbst W-Fragen. Tausche mit deinem Nachbarn die Sätze. Dieser soll die Fragen beantworten.

KV 5

Zungenbrecher lesen (F, f) ★★★

Name: ______________________ Klasse: __________ Datum: __________

Lies jeden Spruch. Versuche den Spruch immer schneller zu lesen.

Male zu jedem Zungenbrecher ein kleines Bild.

Spiel: Lies den Spruch mit verstellter Stimme vor. Ein anderes Kind soll erraten, in welcher Rolle du den Spruch vorliest.

Beispiele: Prinzessin, Nachrichtensprecher, Oma, Roboter, Politiker, Hexe, Rennfahrer, Lehrerin, Schlafmütze, Riese, Fee, Influenzer, Zauberer, Sänger, Schauspieler …

Die Fliegen fliegen mit fliegenden Fliegerkappen.

Die fragenden Fragen fragen nach den Befragten.

Die fahrenden Fahrer fahren über die Fahrbahn mit den fahrenden Fahrzeugen.

Die faltigen Falten falten den faltigen Elefant.

Die feiernden Feiernde feiern den freien Feierabend.

Das Fehlen der fehlenden Fehler fällt dem Lehrer auf …

… die Strafe folgt aufs Schummeln sogleich.

Rechtschreibung: Merkwörter oder Aufgaben zum Dehnungs-h (F, f) ★★

Name: ______________________ Klasse: __________ Datum: __________

Unterstreiche alle ‚h', die in den Wörtern versteckt sind.

Lies die Wörter laut vor. Was hörst du?

Unterstreiche die Wörter aus der gleichen Familie mit der gleichen Farbe.

Fernseher

fehlen

Fahrrad

fahren

Fahne

Fahrschule

Fahrzeug

Feuerwehrauto

Fahrbahn

Fehde

Feuerwehr

Feuerwehrwache

Fohlen

Fehler

KV 8

Mehrzahl: Unterstreiche die Unterschiede! (F, f)★★

Name: ____________________ Klasse: __________ Datum: __________

Deine Lehrerin oder dein Lehrer liest dir Wörter vor. Vergleiche die Wörter mit denen, die auf deiner Liste sind. Unterstreiche die Unterschiede. Was ist anders – warum? Versuche Regeln für die Mehrzahlbildung zu erkennen. Schneide die Wörter aus.

Ordne sie nach den Regeln.

Finger
Fabriken
Schafe
Affen
Fische
Fotos
Fäuste
Freunde
Farben
Füchse
Hefte
Fässer

Die Schülerinnen und Schüler erhalten eine Liste mit Wörtern in der Mehrzahl. Die Lehrperson liest Wort für Wort, langsam vor. Die Wörter, die die Lehrperson vorliest, sind jedoch in der Einzahl. Jedes Kind spielt Lehrperson und unterstreicht die Buchstaben, die unterschiedlich sind. Anschließend werden die Wörter auf Kärtchen geschrieben. Die Kinder sollen jeweils zu zweit zwei Regeln für die Mehrzahlbildung finden und die Wörter danach sortieren.

Eine mögliche Einteilung findet sich auf der folgenden Seite.

Idee aus dem Buch: Ohoh Manuel de l'élève et guide méthodologique, Heymans (Atzéo Edtions)

Mehrzahl zu F-Wörtern ★★

Name: ______________________ Klasse: __________ Datum: __________

1. Trage die fehlenden Wörter in die Tabelle ein.

Einzahl	Mehrzahl
	+e
Freund	
Fisch	
	Briefe
Schaf	
	Stifte
	+en
	Fabriken
Frau	
	Fliegen
Giraffe	
Farbe	
	Felsen
Einzahl	**+s**
	Fotos
Sofa	
Einzahl	**Mehrzahl unverändert**
	Finger

Mehrzahl: Ausnahmen Merkwörter: aus o, u, a oder au wurde ö, ü, ä, äu

Einzahl	Mehrzahl
	Fäuste
	Fahrräder
	Höfe
	Füße
	Fäden
Fass	
	Wölfe
	Füchse

2. Überlege dir zu jedem Wort einen Satz. Achte auf dein Verb. In der Mehrzahl musst du es in der Mehrzahl schreiben und konjugieren!
Sage dir die Sätze zuerst vor, dann schreibe sie in dein Heft.

Romaine Braun-Baustert • Problemlaute üben und festigen 2–4

Buchstaben, Silben und Quatschwörter lesen (W, w)*

Name: ______________________ Klasse: __________ Datum: __________

W	w	w	w	W
w	m	r	s	w
u	w	b	w	r
w	m	w	r	t
wi	wo	wa	we	wu
aw	ow	iw	uw	ew
iwi	owo	awa	ewe	uwu
owi	awe	uwo	ewa	iwe
wiwi	wuwu	wawa	wewe	wowo
wawu	wewo	weru	riwo	rawi
mawu	mewi	womu	woma	wimi
ruwa	weri	riwo	wura	weru
wabu	bewi	wobu	biwa	webo
tiwa	woti	watu	tewo	woti
wasi	siwo	wesu	suwa	wesu

	1.	2.	3.	4.	5.	6.			
Zeit →									
↓									

Wörter lesen (W, w)★★

Name: ______________________ Klasse: __________ Datum: __________

Anlaut		
Nomen		**andere**
Wasser	Wal	wissen
Wein	Wurm	wollen
Wind	Wand	wünschen
Wunsch	Wald	winden
Winter	Wolle	wenden
Weg	Wippe	weinen
Wäsche	Wespe	werfen
Welle	Wurzel	
Wagen	Wohnung	wieso
Wanne	Weide	wer
Wange	Wort	was
Wolf	Wolke	warum
Woche	Wild	wie
Wecker	weiß	weich
Wurst		warm
Inlaut		
Schwein	Schwan	schweigen
Löwe	Möwe	schwer

Schwierige Wörter ***

Wildschwein	Waschmaschine	Waschraum
Waldtiere	Waage	Werkzeug
Meerschweinchen	wohnen	Wohnwagen
Weiher	Wiege	wiegen
Schwellung	Schwelle	schwellen

KV 3

Reimpaarspiel (W, w) ★★★

Name: ______ Klasse: ______ Datum: ______

Wanne	rein
Schein	Rind
Wort	reich
Zange	Wange
Schwelle	Löwe
Wind	Wein
Wein	Stange
weich	Welle
Schwein	Kanne
Delle	Kind
dort	Ort
lange	bange
Möwe	sein

Hinweis: Ein Wort reimt sich mit einem oder gleich mehreren Wörtern. Kärtchen ausschneiden und Paarspiel spielen. Oder/und das Kind färbt die gleich klingenden Wörter mit der gleichen Farbe.

Falsches Wort durchstreichen (W, w)★★

Name: ____________________ Klasse:__________ Datum: __________

Du spielst Lehrer oder Lehrerin. Lies jeden Satz bitte genau durch. In jedem Satz hat deine Schülerin oder dein Schüler ein Wort zu viel geschrieben.

Lies genau, bewege deine Lippen dazu. Streiche das falsche Wort durch. Lies den Satz nochmals. Ergibt der Satz jetzt einen Sinn?

Der Schwan fliegt schwimmt im Wasser.

Der Wolf läuft im auf Wald.

Der Wal ist hat groß.

Das Schwein grunzt schreibt den ganzen Abend.

Ein Wurm windet sich durch hinter den Boden.

Der Löwe flüstert schreit in der Sonne.

Die Der Wohnung ist weiß gestrichen.

Der Wolf klaut die Wurst Wasser.

Die Oma strickt spielt mit der grauen Wolle.

Das Wild versteckt sich dich im Wald.

Der rote Wagen wendet auf unter dem Weg.

In der Wohnung steht eine rote Badewanne Wippe.

Die Wespe schwimmt fliegt über die Blumenwiese.

Der Winter bringt Schnee Klee mit sich.

Die Möwe wohnt am Wasser Wüste.

Fragen erfinden (W, w)★★

Name: ______________________ Klasse: __________ Datum: __________

Erfinde zu jedem Satz eine Frage, die du auch gleich selbst beantworten kannst. Stell dabei nicht immer die gleiche Frage!

Der weiße Schwan schwimmt im Teich hin und her.

Frage: ____?

Antwort: ____

____.

Der wilde Wolf sucht, im Wald, Wild um es zu fressen.

Frage: ____?

Antwort: ____

____.

Die kreischende Möwe fängt im Fliegen einen Fisch.

Frage: ____?

Antwort: ____

____.

Der Wal springt sehr hoch aus dem Wasser.

Frage: ____?

Antwort: ____

____.

Detektivspiel (W, w) ★★

Name: ______ Klasse: ______ Datum: ______

Jetzt bist du Detektiv oder Detektivin! Finde die Unterschiede: Vergleiche die beiden Wörter. Beschreibe die Unterschiede und diskutiere, was die Wörter bedeuten.

Wiege wiegen	Wange Wanne	Wind Wand	Wagen Waage
wiegen weinen	winden wenden	Wiege Wege	Wild Wald

______

______

______

______

______

______

______

______

______

______

______

______

KV 1

Buchstaben, Silben und Quatschwörter lesen (V, v)*

Name: ______________________ Klasse: ____________ Datum: ____________

V	V	V	V	V
v	m	o	s	v
t	v	n	v	u
u	o	v	n	t
vi	vu	va	ve	vo
vivi	vovo	vuvu	vava	veve
vimi	vami	vumi	vomi	vemi
vitu	Vati	vetu	voti	vatu
Vino	veni	vanu	vonu	venu
vosu	viso	vasu	vesu	vesu
mivo	mavo	nuvo	nevi	nevo
tivu	teve	sevu	sevi	suva
vatu	tivi	tivo	vitu	vita

Fülle die letzte Zeile selbst mit Quatschwörtern aus, jedes Wort soll mindestens ein ‚v'enthalten. Lies deinen Kameraden die Wörter vor.

Zeit →									

Merkwörter lesen und merken (V, v)★★

Name: ______________________ Klasse: __________ Datum: __________

Vase	Verb
Vogel	Vater
Veilchen	Großvater
Vulkan	Virus
Volk	Violine
Vampir	

viel	vor
violett	vorne
voll	von
vier	ver-
vom	vor-

Pullover	Lokomotive	nervös
Kurve	Klavier	
Lava		

Paarspiel Merkwörter (V, v)★★

Male zu jedem Wort ein Bild in das Kästchen daneben. Schneide die Kärtchen aus und falte sie in der Mitte. Schau dir das Wort an oder schneide sie durch und spiele. Finde zu jedem Bildkärtchen das passende Wortkärtchen.

Vase		Vampir	
Lava		Vogel	
Vulkan		Klavier	
Veilchen		Großvater	
Virus		Kurve	
Violett		Violine	
Pullover		Lokomotive	

Wörter mit den Vorsilben ver- und vor-

Name: ______________________ Klasse: ____________ Datum: ____________

Merke
Alle Wörter mit ver- oder vor- am Anfang werden mit v geschrieben.

	Nomen
Ver-	**Ver**mögen
	Verfügung
	Vergnügen
	Verletzung
	Verdauung
	Verbeugung

	Nomen
Vor-	**Vor**stand
	Vorführung
	Vorschlag
	Vorzug
	Vorwarnung
	Vorstellung

	Verben
ver-	**ver**stecken
	verlieben
	verzeihen
	versenden
	verzweifeln
	verschlafen

	Verben
vor-	**vor**drängen
	vorlassen
	vorstellung
	vorgesehen
	vorstellen
	vornehmen

Merke dir auch:

vier-	**vier**zig
	vierzehn
	viertel

Überlegt gemeinsam, was die einzelnen Wörter bedeuten.
Stellt sie, wenn möglich, pantomimisch dar. Die Mitschülerinnen und Mitschüler sollen den gesuchten Begriff erraten.

Lückentext (V, v)★★

Name: ______________________ Klasse: __________ Datum: __________

Setze die fehlenden Wörter ein.

Lava kommt aus dem ______________.
Die rote ____________ ist sehr heiß, und läuft über den Berg ins Tal.
Omas Lieblingsblumen sind die ______________.
Vera liegt krank im Bett, sie hat sich einen ___________ eingefangen.
Volker spielt sehr toll auf seinem neuen Instrument mit Bogen, die: ________________.
________________ mögen gar keinen Knoblauch, in den Geschichten saugen sie Blut.
Vati schlägt in die Tasten und spielt auf seinem __________________ ein Lied von Mozart.
Die alte _________________ fährt über die Schienen und macht viel Lärm.
Vasco zieht einen warmen ___________________ an.
Vater fährt mit dem Auto in die K ________________.
Gleich schreiben wir eine Prüfung, wir sind alle n ____________.

Falsches Wort durchstreichen (V, v) ⁂

Name: ______________________ Klasse: __________ Datum: __________

Du spielst Lehrer oder Lehrerin. Lies jeden Satz bitte genau durch. In jedem Satz hat deine Schülerin oder dein Schüler ein Wort zu viel geschrieben.

Lies genau, bewege deine Lippen dazu. Streiche das falsche Wort durch. Lies den Satz nochmals. Ergibt der Satz jetzt einen Sinn?

Der Vogel sitzt schläft auf dem Ast und singt ein Lied.

Viktors Pullover isst ist violett.

Vati spielt toll Klavier, Mandarine und Violine.

Der Vulkan speit Wasser Lava aus dem Krater.

Das Veilchen auf der Zange Wange wurde ganz violett.

Mein Großvater ist der Vater von meinem Hund Vater.

Die Vase ist voll bunter Tiere Blumen.

Vater übt die deutschen Vulkane Verben.

Rechtschreibung: Die Kinder sollen sich die v-Wörter merken und mit Visualisieren schreiben.

Tipp: Um entscheiden zu können, ob du ein v, w, oder f schreiben sollst, hilft es, die v-Wörter und Vorsilben auswendig zu können.

Ist es keins von den Merkwörtern?

Hör genau hin: Ist es ein sanftes W wie Wasser oder ein F wie Fisch/Fön?

Buchstaben, Silben und Quatschwörter lesen (Ü, ü)*

Name: ______________________ Klasse: __________ Datum: __________

Ü	ü	ü	ü	Ü
o	ü	e	m	ü
ü	u	i	ü	n
u	p	ü	u	s
ü	o	u	m	s
sü	so	su	sü	se
mo	mü	mu	ma	me
schu	scho	schü	schu	scha
bü	bu	ba	bo	bü
nu	nü	ne	no	nü
re	ro	rü	ra	ru
to	tu	ta	tü	te
dasü	duso	disu	dusü	disü
rüpo	ripu	rupü	ripo	rürü
buno	büni	bonü	bone	bünü
gupo	gipü	güpe	gopü	güpü
tukü	Tütü	tokü	tekü	take

Wörter lesen (Ü, ü) ★★★

Name: ______________________ Klasse: ____________ Datum: ____________

Anlaut		
Überholverbot	üben	über
Überlauf	Übung	überschwänglich
Inlaut		
Tür	für	Süden
fünf	Mühe	Büffel
Müll	Füller	Mücke
hüpfen	Knüller	Brücke
brüllen	Brüller	Stücke
müde	gemütlich	wehmütig
rüde (frech)	Rüde (Hund)	Lücke
früh	fühlen	Krücke
füllen	Müsli	Prüfung
Pfütze	Mütze	prüfen
Wüste	Küste	rühren
lügen	Küche	Güter
Fünfeck	Güte	bücken
Umlaut: Änderungen Mehrzahl		
Hüte	Kühe	Nüsse
Würste	Tücher	Bücher
Krüge	Mütter	Münder
Küsse	Füße	Züge
Düfte	Gründe	Wünsche
Sprünge	Türme	Würmer
Hühner	Brüder	Flüsse

Aufgaben zu der Wörterliste:

- Die Lehrperson nennt die Wörter durcheinander – die Schülerinnen und Schüler können sie ordnen: Anlaut – Inlaut.
- Welche Wörter reimen sich? Schreibe sie in dein Heft.
- Schneide die Wörter aus und lege Nomen, Verben und Adjektive/Adverbien zusammen. Zeichne eine entsprechende Tabelle ins Heft und ordne die Wörter damit.
- Umlautänderungen: Wie sind die Wörter in der Einzahl, wie in der Mehrzahl? Notiere die Tabelle in deinem Heft.

KV 3

Lesetext: Im Bücherladen (Ü, ü)**

Name: ____________________ Klasse: __________ Datum: __________

Fünf Kinder hüpfen durch den Bücherladen.
Sie machen riesige Sprünge.
Doch bald fallen alle Büchertürme um: „Bumm!"

Male

Der Besitzer brüllt, er ist sauer: „Ihr benehmt euch wie Büffel in einem Bücherladen!"

Male

Mücke bückt sich und hebt ein dickes Buch auf. Es fühlt sich dick und schwer an. Mit viel Mühe füllen die Kinder die leeren Regale.

Male

Der Bücherhüter prüft die Arbeit der Kinder. Er sieht, wie toll sie die Bücher geräumt haben und bedankt sich.

Tipp: Stelle dir das Gelesene vor und male was du siehst. Dies hilft dir dabei, den Text besser zu verstehen.

Suche alle ü-Wörter und markiere sie farbig.
Überlege dir drei Fragen zum Text, die du deinem Banknachbarn stellen könntest. Notiere sie und reiche das Blatt deinem Nachbarn.

Lesetext: Im Bücherladen (Ü, ü) ★★

Name: ________________ Klasse: ________ Datum: ________

Die Mütter stehen vor der Tür und schwatzen.
Kühn hüpfen die Kinder durch den Bücherladen. Sie machen riesige Sprünge, schwenken mit riesigen Tüchern. Doch bald fallen die Büchertürme einfach um. „Bumm!", überall liegen Bücher herum.

Male

Der Besitzer brüllt, über die Maßen, sauer: „Ihr benehmt euch wie Büffel in einem Bücherladen! Ihr seid rüde mit den guten Stücken!"
„Das waren wir nicht", lügen die Kinder.

Male

Doch bald beginnt der älteste Junge, Mücke genannt, sich zu bücken und hebt ein dickes Buch auf. Es fühlt sich dick und schwer an. Mit viel Mühe räumen sie alle Bücher wieder auf und füllen sie in die leeren Regale.

Male

Der Bücherhüter und Behüter prüft die Arbeit der Kinder. Er sieht, wie toll sie die Bücher geräumt haben und bedankt sich überschwänglich.

Suche alle ü-Wörter und markiere sie farbig. Überlege dir drei Fragen zum Text, die du deinem Banknachbarn stellen könntest. Notiere sie und reiche das Blatt deinem Nachbarn.

Grammatische Aufgaben: u, ü

Name: ______________________ Klasse: ____________ Datum: ____________

Wörter in der Mehrzahl: Umlautveränderung in der Mehrzahl

Einzahl	Mehrzahl -e
Nuss	
Kuss	
Fuß	
Zug	
Duft	
Grund	
Kuh	

Einzahl	Mehrzahl -e
Fluss	
Hut	
Wunsch	
Sprung	
Turm	
Krug	
Wurst	

Einzahl	Mehrzahl -er
Tuch	
Buch	
Wurm	

Einzahl	Mehrzahl -er
Mund	
Huhn	
Mutter	

Die Kästen können ausgefüllt und umgeknickt werden. So können die Schülerinnen und Schüler die Aufgaben mehrmals üben. Die Wörter können auch ausgeschnitten werden. Die Karten können zu Pärchen gelegt werden beim Paarspiel und ins Heft übertragen werden.

Übungstext für die Umlautänderungen in der Mehrzahl ‚ü'

Verwandle in die Mehrzahl. Schreibe die Sätze in dein Heft. Achte auch auf die Verben! Die musst du auch in die Mehrzahl setzen.

1. Die Kuh frisst auf der Weide.
2. Der Wurm frisst das Blatt.
3. Das Tuch liegt auf dem Tisch.
4. Der Zug fährt über die Brücke.
5. Mein Bruder isst die Wurst.
6. Die Nuss fällt auf das Tuch.

Grammatische Aufgaben: u, ü ★★

Verwandle in die Einzahl. Schreibe in dein Heft. Achte auch auf die Verben. Die musst du auch in die Einzahl setzen.

1. Die fünf Mütter schauen mit den Kindern die Kühe an.
2. Die Väter spielen mit den Kindern Fußball.
3. Die Krüge werden mit Wasser gefüllt.
4. Die Hühner picken Körner.
5. Die Flüsse fließen unter den Brücken.
6. Mit den Füßen macht er große Sprünge.

Differenziertes Lernen
Leichte Version lesen und unterstreichen. Färbe alle u/ü gelb.

Unterstreiche alle Nomen

Leichte Version Einzahl
Unterstreiche die Nomen blau.
Schreibe nur das erste Nomen in der Einzahl.
Beispiel: Die fünf Mütter schauen mit den Kindern die Kühe an.
die Mütter – die Mutter

Schwere Version: in Einzahl schreiben
Achte dabei auf die Verben! Unterstreiche die Verben und alle Endungen rot. Beim Konjugieren musst du auch aufpassen.
Unterstreiche die Nomen und deren Artikel blau. Beachte auch den Wechsel der Artikel!
Beispiel: Die fünf Mütter schauen mit den Kindern die Kühe an.
Die Mutter schaut mit dem Kind die Kuh an.

Wortverwandtschaften

Verbinde verwandte Wörter miteinander.

Wut	betrügen
Betrug	wütend
fühlen	genügend
gut	Gefühl
genug	Güte

Grammatische Aufgaben: u, ü ★★★

Zusammengesetzte Wörter

Die Schülerinnen und Schüler sollen das zusammengesetzte Wort ins Heft schreiben und eventuell etwas dazu malen oder beschreiben, was das Wort bedeutet.

über – natürlich = übernatürlich: etwas, was nicht üblich ist

über -all = ______________________ : ______________________

über -schwänglich = ______________________ : ______________________

über -mütig = ______________________ : ______________________

über -eilt = ______________________ : ______________________

über -fahrt = ______________________ : ______________________

über -eifrig = ______________________ : ______________________

über -lauf = ______________________ : ______________________

Diese Übung hilft, auch ‚längere' Wörter ohne Angst zu lesen, indem die zwei Wörter gelesen und zusammengezogen werden können.

Wörter mit doppelter Bedeutung

Verbinde die korrekte Bedeutung mit dem jeweiligen Wort.

fühlen	junges Pferd
füllen	kommt von Gefühl-Empfindungen
Füllen	auffüllen: Verb
rüde	männlicher Hund
Rüde	unfreundlich
Müll	Schmutz
Mühle	dort wird Weizen zu Mehl gemahlen
Güte	Materialien
Güter	Wenn man gut ist, milde

Hinweis: Durch diese Aufgabe wird den KIndern bewusst, dass orthographische Regeln einen wichtigen Sinn erfüllen. Oftmals sind es Merkwörter die die Schülerinnen und Schüler auswendig lernen müssen, da die Unterschiede nicht hörbar sind.

KV 1

Vom Buchstaben zum Text (Ä, ä)*

Name: ______________________ Klasse: ____________ Datum: ____________

1. Lies die Buchstaben, Silben und Quatschwörter.

Ä	ä	ä	ä	Ä
ä	a	ü	p	ä
ü	ä	p	ä	ü
sä	sü	pä	dä	lä
mä	mü	tä	rä	fä
wä	gä	bä	kä	lä
mämä	gägä	rärä	tätä	käkä
läku	mäkü	tälü	särä	fürä

2. Lies und merke dir folgende Wörter. Sie enthalten auch in der Einzahl ein ä.

Äpfel	Bär	Träne	Känguru	Käse
Mädchen	Märchen	Säge	Käfig	Rätsel
Fähre	Schäfer	März	Käfer	Eisbär
Träge	während	nächster	Kapitän	Erklärung

3. Lesetext: Streiche das Wort durch, das keinen Sinn im Satz macht.

Der Bär schläft dreht in seinem Bärenbau.

Das Märchen mit dem Mädchen mit den drei Bären ist toll gruselig.

Der Kapitän schneidet den Mast mit einer Säge durch drüber.

Der Kapitän fährt während mit der Fähre durch die Gewässer.

Der Schäfer setzt das Känguru Säge in den Käfig.

Im März ist der Käse Rätsel lecker.

Übungen zu Nomen: Mehrzahl ä, äu*

Name: ______________________ Klasse: ____________ Datum: ____________

1. Bei folgenden Nomen wird aus a ein ä in der Mehrzahl.

Verwandle in die Mehrzahl.

Einzahl	Mehrzahl -e
Ast	Äste
Apfel	
Schatz	
Hand	

Einzahl	Mehrzahl -er
Bad	
Mann	
Band	
Wald	
Rad	
Dach	
Vater	

2. Bei folgenden Nomen wird aus au ein äu in der Mehrzahl.

Verwandle in die Mehrzahl.

Einzahl	Mehrzahl -e
Traum	
Baum	
Raum	

KV 3

Übungen zu Verben und Adjektiven: a, ä*

Name: ______________________ Klasse: __________ Datum: __________

1. Bei manchen Verben verändert sich das a zu ä in einigen Personalformen. Probiere es bei folgenden Beispielen aus.

ich	du	er/sie/es
halte	hältst	hält
fangen		
wasche		
fahre		
backen		
tragen		

2. Bei der Steigerung dieser Adjektive wird aus dem a ein ä. Ergänze die Tabelle.

Grundform	1. Steigerungsform	2. Steigerungsform
hart	härter	am härtesten
scharf		
lang		
schwach		
warm		
stark		
kalt		

3. Färbe verwandte Wörter in der gleichen Farbe.

arm	wählen	färben	Schale
Schaf	jagen	kalt	Ast
Hähnchen	Wäsche	ängstigen	Wärmflasche
waschen	warm	Wäsche	Wäscherei
Farbe	schälen	ärmsten	Angst
Äste	Erkältung	Schäfer	Jäger
zählen	ängstlich	Zahl	Wahl

Romaine Braun-Baustert • Problemlaute üben und festigen 2–4

Vom Buchstaben zum Text (Ö, ö)*

Name: ______________________ Klasse: ____________ Datum: ____________

Ö	Ö	Ö	Ö	Ö
ö	o	ä	ü	u
ä	ü	u	ö	o
nö	pö	dö	sö	tö
rö	bö	lö	mö	kö
törü	rütö	kälö	mödü	söro
Öl	Möhre	Möbel	zögern	hören
Löffel	Föhn	Eichhörnchen	schön	plötzlich
Löwe	Möwe	Kröte	können	mögen
König	Höhle	Förster	zwölf	böse

In jeden Satz haben sich Fehler eingeschlichen, streiche das falsche Wort durch und schreibe das richtige Wort auf die Linien.

Der Föhn macht die Haare ganz nass. ____________

Der Förster kümmert sich um den Schwimmbad. ____________

Die Kröte kann ganz hoch fliegen. ____________

Der Löffel ist zum Aufpicken der Suppe da. ____________

Die Möwe frisst Zäune. ____________

Das Eichhörnchen frisst Wurst. ____________

Die Möbel stehen immer in Höhlen. ____________

Der König der Löwen ist ein schöner Zoo. ____________

KV 2

Übungen zu Nomen: Mehrzahl ö*

Name: ______________________ Klasse: __________ Datum: __________

Aus einem o wird in der Mehrzahl ein ‚ö'. Ergänze die Mehrzahl.

Einzahl	Mehrzahl +e
Koch	Köche
Hof	
Stock	
Sohn	
Lohn	

Einzahl	Mehrzahl +er
Loch	
Wort	
Schloss	Schlösser
Korn	

Einzahl	Mehrzahl Verwandlung o–ö
Ofen	
Tochter	

Verniedlichung	
Brot	Brötchen

LITERATUR

J-G Heymans / Kerstn / Gérard / Deridder / Hoeben / Wauters (2013): *„OhOh Manuel de l'élève et guide méthodogogique"*. éditions atzéo

Jansen, Fritz/Streit, Uta/Fuchs, Angelika (2012): *Lesen und Rechtschreiben lernen nach dem IntraPlus-Konzept.* Heidelberg: Springer Verlag

Tophinke, Doris (2008): *Sprachförderung im Kindergarten. Julia und Fatih entdecken gemeinsam die deutsche Sprache.* Berlin: Cornelsen Verlag